HYFR[illegible] IAWN

87/200

777

darluniau gan ELWYN JONES, Cwmsymlog

Eirwyn Jones ('PONTSHAN')

HYFRYD IAWN

sef rhyw fath o hunangofiant go flodeuog
neu rywbeth!

YMDDIHEURIAD

Hoffai'r awdur a'r cyhoeddwyr ymddiheuro'n ddwys iawn o flaen llaw am bopeth a ddyfynnwyd heb ganiatâd neu yn wallus. Gwaith anodd iawn fuasai unioni hyn, a gobeithiwn yn fawr y bydd unrhyw un y gwnaed cam ag e yn lliniaru ar ei ddicter wrth ystyried natur anarferol y llyfr.

RHYBUDD

Fe hoffem hefyd bwysleisio'n gryf mai i'r recordydd tâp y traddododd yr awdur gynnwys y llyfr hwn. Dawn lafar yw dawn yr awdur, a phenderfynwyd peidio ag ymyrryd i unrhyw fesur helaeth â geiriau'r awdur. O ganlyniad i hyn ac i flerwch yr adysgrifwr, aflenyddol ac ansafonol ac anghyson yw orgraff y llyfr. Gobeithiwn y bydd y darllenydd yn blasu'r tudalennau a ganlyn gan gadw hyn mewn cof.

Argraffiad cynta -1966

Cynlluniwyd, cyhoeddwyd, ac argraffwyd yng Nghymru gan Y Lolfa, 3 Long Oaks Avenue, Uplands, Abertawe.

Cynlluniwyd a chyhoeddwyd gan Y Lolfa, 3 Long Oaks Avenue, Uplands, Abertawe ac argraffwyd yng Nghymru gan Allens Cyf., Caerdydd.

O'r diwedd -llyfr gan Pontshân! Bu miloedd ohonom, trwy'r blynyddoedd, yn chwerthin ac yn llefain wrth wylio Pontshân yn perfformio ar lwyfannau swyddogol ac answyddogol y genedl. Ac mae'n siwr y gwelwn ef am flynyddoedd eto yn difyrru ac yn swyno mewn noson lawen ac eisteddfod, capel a thafarn, ysgol haf a rali. Tyfodd y dyn byr gyda'r cap gwyn a'r mwstash yn chwedl fyw, ac yn rhan o'n syniad o Gymru. Ond dyma o'r diwedd gyfle bendigedig i oedi a hamddena yng nghwmni'r cymeriad hynod hwn a'i stôr anghredadwy o straeon a barddoniaeth. Oherwydd y tu ôl i'r showman a'r cyfarwydd fe welwn gymeriad hoffus iawn, cenedlaetholwr i'r carn, saer a phenteulu sy'n mynnu byw yn ei ffordd iach a Chymreig ei hun yng nhymdeithas fyw, ffraeth de Sir Aberteifi.

y Lolfa

RHAGAIR

Camgymeriad mawr, ddwedwn i, fyddai i neb agor y llyfr yma gan ddisgwyl rhyw gyfres o jôcs parod at ddefnydd cwmni Noson Lawen. Achos nid jôcs, ar y cyfan, a adroddir gan Eirwyn, ond storïau, a'r rheiny, ran fynycha, yn ddoniol, ond yn cynnwys hefyd, fel pob doniolwch gwerth gwrando arno fe, elfen o ddychan crafog, ac yn bwysicach lawer, bathos. Hynny o eiriau i awgrymu'r ysbryd y dylai'r darllenydd feddu arno wrth fwynhau'r penodau hyn. Dylai'r llun ar y clawr, a'r olwg a geir ynddo ar gymeriad yr awdur, awgrymu'r ysbryd hwnnw yn well nag unrhyw eiriau o'm heiddo i.

Mae Eirwyn, fel y gŵyr llawer, yn ŵyr i Ruth Mynachlog, a groniclodd ei hatgofion mor ddiymhongar a graenus, a hithau'n hen wraig yn niwedd y tridegau. Mae e hefyd, rwy'n credu, yn ddisgynnydd ysbrydol i'r cyfarwyddiaid a arferai, ers lawer dydd, adrodd helyntion bywyd Peredur a Geraint. Darllennwch yr hanes rhyfedd am Riwffys, a'r plas gyda'r llyn a'r elyrch a'r rhaeadr a'r ceffyl yn tynnu'r cwch; fe welwch chi, falle, debygrwydd rhyngddo â disgrifiad tebyg i hwn (o Peredur, diweddariad Bobi Jones):

"Sef y daeth (Peredur) i goed mawr anial, ac yn ystlys y coed yr oedd llyn. Ac ar y tu arall yr oedd caer deg. Ar lan y llyn y gwelai ŵr gwynllwyd telediw yn eistedd ar obennydd o bali a gwisg o bali amdano, a gweision yn pysgota ar y llyn honno. Fel y gwelodd y gŵr gwynllwyd Beredur yn dyfod, cyfodi a orug tua'r gaer, a chloff oedd yr henwr. Yntau Beredur a gyrchodd y llys; a'r porth a oedd yn agored, ac i'r neuadd y daeth. Ac yr oedd y gŵr gwynllwyd yn eistedd ar obennydd a ffyrfdan mawr yn llosgi rhag ei fron. A chyfodi a orug y teulu a'r nifer yn erbyn Peredur, a'i ddiarchenu; ac erchi a wnaeth y gŵr i'r macwy eistedd ar dâl y gobennydd... A phan fu amser, gosod byrddau a myned i fwyta; ac ar y naill law i'r gŵr bioedd y llys yr oedd Peredur yn eistedd..."

Neu cymharwch hanes Boi Felin Bob a'r Rayburn yma â champau nerthol Geraint fab Erbin, a'r modd y gadewir cryfder yr arwr dan sylw, fel petae, neu i sylwi arno naill ochr i wir bwynt y stori.

Ond darllennwch y llyfr. A styriwch hi'n anrhydedd i gael perthyn i gymdeithas, ac etifeddu diwylliant, sy o hyd yn cynhyrchu cymeriadau mor gyfoethog ag Eirwyn, a chreadigaethau mor gyfoethog â'i gymeriadau fe.

Cynog Davies

Crugyreryr Ucha, Talgarreg.

Wel nawr, y mae pob un sy'n dechre llyfyr yn dechre trwy ddweud, "Cefais fy magu ar aelwyd grefyddol..." Wel nawr, â i ddim i ame nac i wadu hynny. Ond efalle fod yna arwyddocâd yn y ffaith imi gael fy magu mewn aelwyd a oedd yn ymyl y dymp -ble ro'dd y sbwriel yn cael 'i daflu. Oherwydd mi ges i afael mewn llawer iawn o bethau gwerthfawr fan'ny, o'dd dynion eraill wedi'u taflu. Pethau sydd, efalle, wedi bod yn ddefnyddiol i fi trwy'r blynydde.

****

Rwy'n cofio adeg dechre cerdded a dechre cofio, oherwydd mi ges i gyfle i weld gwerth y pethe yn ifanc iawn. Yn y pentre lle ces i'm magu -Talgarreg- ro'dd 'na afon, ac yn ymyl yr afon, ro'dd 'na ryd y gallech chi gerdded i mewn iddi -efalle fod 'na ryw whech modfedd prin o ddŵr yn y man basaf. Wel un tro dyma'r bechgyn o'dd tipyn yn hŷn na fi yn gweud wrtho i i gerdded lan yr afon. Wel efalle nad o'n i ddim yn gallu gweld y gwahaniaeth rhwng afon a ffordd, a dyma fi'n cerdded lan yr afon, ac wedi mynd rhyw hanner canllath, mi ddes i at fan llithrig, lle ro'dd llys yn y dŵr. A dyma fi'n cwmpo. A ro'dd y dŵr yn dod yn gryfach, a ro'dd 'na bwll dwfwn nes lan, ac o'n i ar y 'nghefen ar y dŵr, ac yn teimlo 'mod i mewn perygl yntefe. A dyma'r dŵr yn dod drosto i, a dyma fi'n teimlo 'mod i'n boddi, a'r bechgyn ar y bont yn chwerthin ar 'y mhen i. Ond fe ddechreuon nhw weiddi ar rywun i ddod, a phwy ddaeth ond mam. A dyma hi'n camu i fewn i'r dŵr, a 'nghael i mas yn ddiogel. A dyna'r co' cynta sy gen i 'mod i wedi gweld gwerth mewn bywyd yntefe, a theimlo fod bywyd yn werth glynu wrtho fe, a finne'n dair oed. Hyfryd iawn yntefe.

****

Ro'n i'n byw yn y pentre, ac fe es i i'r ysgol yn ifanc iawn, yn rhyw dair neu beder oed. Ond do'dd dim llawer o ddysgu yn perthyn i fi yn y cyfnod yma, ond o'n i'n lico adar a chonjyring trics.

Ar adeg y conjyring trics 'ma, ro'dd Quaker Oats yn rhoi cŵpons ar bob bocs ac fe fues i am gyfnod hir yn gwneud dim ond bwyta Quaker Oats -er mwyn cael y conjyring trics. A'r gair Saesneg cynta ddysges i o'dd 'Seebackoscope', y gair am ryw ddyfais o'dd yn galluogi dyn i weld y tu ôl iddo. A rwy'n cofio cael blas arbennig ar ryw nofelti a oedd yn gwneud i blatiau godi ar y bwrdd -rhyw biben o dan y llien.

Ond yr atyniad mwya ohonyn nhw i gyd o'dd y Magic Lantern. Nawr ro'dd rhaid cael dau ac unarddeg i brynu'r Magic Lantern -arian mawr. Wel nawr, dyma wneud y gore o'r adnodde o'dd yn y lle, a dechre dala gwahaddod, a'u blingo nhw, 'u sychu nhw, a'u hala nhw i ryw ffyrm ym Manceinion, a chael rhyw dri a chwech y dwsin. Dyma gael yr arian angenrheidiol, a phrynu'r Magic Lantern. Ac ar ôl cael y Magic Lantern, ro'dd yn rhaid cael cynulleidfa. Ond yn anffodus, do'dd Jac, tad y plant a o'dd yn ffurfio'r gynulleidfa, ddim am gael y fath beth yn y tŷ: darllen gwerslyfre o'dd y peth i'w wneud gyda'r nos. Wel pan o'dd popeth yn barod, fe ddiffoddodd un o'r bechgyn y lamp, a dechreuodd ffrwgwd; yng nghanol y ffrwgwd, fe gwympodd y Magic Lantern i'r llawr, a thorri'n ufflon.

"Ma'n rhaid dial ar Jac!" wedes i. O'dd dim maddeuant.

Ar waelod yr ardd, ro'dd 'na dŷ-bach pren, a bob nos, ro'dd pedwar ohonom yn cwato y tu ôl iddo fe, a disgwyl Jac, fel y gallen ni foelyd yr hen beth pan fydde fe y tu fewn. A dyma'r nosweth yn dod, a Jac yn mynd i'r tŷ-bach, a dyma ni'n tynnu'r peth lawr am 'i ben e. Ond lan ar dop y rhiw, fe ddaeth Jac ar ein hole ni, a ni gas hi witha, yntefe. A dyna hanes y Magic Lantern na weithiodd o gwbwl i ni.

Ac yn y cyfnod 'ny, o'n i o dan ddylanwad Dai'r Dderwen, a'r llyfre o'n i wedi'u darllen yn yr ysgol, a dyma benderfynu hala ofan ar wraig y ffeiriad. A nawr o'dd hi'n nosweth ole leuad, ac o'n i wedi cael rhyw lien mawr gwyn allan o ddrâr yn y tŷ, a'i wisgo amdanaf. Ro'dd gwraig y ffeiriad wedi mynd i ymweld â rhywun bob nos, ac fe aeth y bechgyn i guddio o dan y bont, a finne ar y ffordd i'w disgwyl hi. Ac fe ddaeth gwraig y ffeiriad, ac fe weithiodd y peth yn ardderchog. Fe gafodd hi ofan: ro'dd popeth yn bendramwnwgl. Ond pwy ddaeth ar y gair ond boi ar gefen beic. A dyma fi'n rhedeg nerth 'y nhraed draw dros y bont i ganol yr anialwch yn y waun, a dyma fi lan i'n hanner yn y penfarch -y dŵr yn Llyn y Felin- a phwy ddaeth i'm mhen i, i'n achub o'r pwdel a'r dŵr, ond y boi ar gefen y beic.

"Wi'n gweld bai arnat ti yn hala ofan felna ar wraig y ffeiriad," medde fe. "Wyt ti ddim yn sylweddoli y galle'r wraig fod wedi cal sunstroke?"

A dyma fi'n ôl i'r tŷ, a buodd 'na ddim rhagor o fusnes y ladi wen.

****

Rwy'n cofio i eroplens ddod i'r ardal pan o'n i yn yr ysgol -rhyw arddangos-fa, a rhyw foi yn neidio gyda pharashŵt. Rhaid bod hwnnw wedi gadael rhyw argraff ryfedd arna i, oherwydd mi ges i'r syniad mai peth braf fydde dringo i ben coeden, a dod lawr mewn parashŵt, sef ymbrela mawr du hen wraig mamgu. Nawr pnawn dydd Sul o'dd yr unig gyfle posibl, pan fydde mamgu a mam yn mynd i'r cwrdd whech -hynny yw, os bydde'r tywydd yn braf. Wel fe ddaeth y cyfle, ac wedi câl yr ymbrela mas o'r tŷ, dyma ddau neu dri ohonom yn mynd ag e i ben y goeden fawr uchel a safai ar ganol y pentre -rhywbeth gyda changhenne mawr yn ymestyn mas i'r ffordd. I ben y goeden â fi, neidio i lawr a'r ymbarel ar agor, a dyma fi lawr yn gyrlibwns a'r ymbarel gen. O'n i o fewn rhyw ddeg troedfedd o'r llawr, a'r ymbarel gwerth arian yn yfflon ar y canghenne -a wedyn dyma gwmpo ar 'y mhenôl i'r llawr. Nid yr ymbarel wnath 'y nghadw i'n ôl, ond canghenne'r goeden. A dyna'r nos Sul fwya diflas ges i erioed -godde'r wialen gyda mam a hen wraig mamgu.

****

O'dd rhyw hen gymeriad arbennig yn arfer cwato'i faco yn y clawdd yntefe. A'r hyn a wnâth y bois wedyn o'dd tynnu'r baco mas a rhoi rhyw gymysgedd o fwswg a baco'n ôl yn 'i le -a smoco'r baco 'u hunain. A'r hen greadur yn câl gafael yn yr owns baco, 'i roi yn 'i boced, a blasu meddwl am gael mwgyn o flân tân. Ond yn y tywyllwch o dan y shime, dim ond tyngu fuodd.

"Hen faw o faco am ddeuswllt yr owns," medde fe, a pheswch a phoeri dros bob man.

****

Nawr yn nyddie mebyd do'dd 'na ddim un dylanwad teledu na dim o'r fath ar y plant yn unman. O'dd rhaid cal rhywbeth gwahanol i'w wneud yntefe. Wel o'dd rhyw ddawn arbennig walle gen i o ddala ffowls, a dyma ' nghyfell a finne yn câl y syniad un bore o fynd o amgylch y tyddynnod i ddal ffowls a'u hala nhw i gysgu. A wi'n cofio'n glir ger un tyddyn bach yn ymyl y pentre, gweld rhyw ddeuddeg o ieir ar y clôs, a'r deuddeg yn cysgu. Mynd wedyn i guddio y tu ôl i'r clawdd, ac ymhen tipyn gweld y tyddynwr bach a'i wraig yn dod mas, yn methu deall wrth weld yr holl ffowls yn cysgu ar ddwarnod braf. Ro'n nhw siwr o fod yn meddwl fod rhyw newid mawr yn y tywydd: do'n nhw erioed wedi gweld cynifer o ffowls yn cysgu yng ngole dydd glân. Mynd wedyn o amgylch tri neu bedwar o lefydd eraill yr un dydd, a hala'r ffowls i gysgu, a neb yn gwbod dim beth o'dd yn digwydd. Y gamp wrth gwrs o'dd dala'r ieir heb wneud fawr o sŵn; bydden i wedyn yn rhoi'u penne bach o dan 'u hadenydd, a'u hysgwyd nhw'n gariadlon. A rhyw bethe bach felna o'dd yn dod hibo'n meddylie ni yntefe.

****

Yn nyddie ysgol, ar bnawn dydd Sadwrn neu bnawn dydd Sul, mi fydde criw ohonon ni'n mynd i Gwmtydu, i lan y môr, ar y Raleigh mowr gyda hen wraig mam. Ar sgîl y beic y byddwn i'n mynd, a finne'n grwt mawr, a hen wraig mam yn pedlo. Ac ar draul yr hen wraig, bydden i'n rhoi blân'yn sandals mewn yn y spôcs -fel bod y rybyr dim ond yn cyffwrdd- i gâl rhyw gerddoriaeth hyfryd iawn ar hyd y daith, a'r hen wraig yn pedlo'n galed: do'dd mo'r ffyrdd wedi'u tarro y pryd hynny. Hewlydd garw i gyd. A chyrraedd Cwmtydu.

Wel ma' bobol heddi'n mynd i lan y môr yn hollol wahanol. Ma'n nhw'n câl pleser ar lan y môr. Mwynhau'u hunain. Pleser o'dd i fod i ni wrth gwrs, ond prynhawn o ryparo pynctshyrs o'dd hi bob tro yng Nghwmtydu. Pob un â'i bynctshyr, yn enwedig beic mam, wa'th o'dd 'da hi un ar y sgîl. Miloedd o bynctshyrs mân, a dim digon o soliwshon a phatshus i'w ryparo nhw.

Ond wedyn, efalle y bydden ni'n mwynhau'n hunain yn gwylio'r bobol ar y traeth, ac efalle y bydde rhyw hen gymeriad yno a fydde'n mynd i'r môr am y tro cynta. Wi'n cofio un yn arbennig. Rhyw hen foi blewog mawr -eithriadol o flewog. A'r bechgyn wedi twyllo yr hen greadur i wisgo'r Bathing Dress, nid gyda'i goese mewn yng nghynta, ond trwy hwpo'i ben mewn i goes y Dress. O'dd e'n gwbod dim byd beth o'dd Bathing Dress -heb weld un eriôd. O'dd e'n arfer mynd i'r môr yn borcyn yntefe. Wel o'dd yr hen greadur wedi mynd yn sownd fan'ny yn y Bathing Dress, a dyma'r bechgyn yn 'i wthio allan o du ôl y graig, ac arddangos 'i gorff blewog i bawb.

"Hawyr bach," medde rhyw Ficer, "Beth yw'r eidon mawr blewog du co?"

A'i bwrw hi am yn ôl wedyn, a thaith digon diflas eto.

****

O'n i'n gyfarwydd iawn â Chwmtydu pan o'n i'n grwt, ac yn adnabod llawer o bobol y cylch. O'dd 'na lawer iawn o sôn am un hen gymeriad arbennig, oherwydd o'dd gwerth grot o gig yn para blwyddyn iddo fe. A'r hyn o'dd e'n 'i wneud gyda'r gwerth grot o gig 'ma fydde clymu edau o'i gwmpas, a'i lyncu e lawr gyda phob taten, a'i dynnu e'n ôl. Un o gymeriade Cwmtydu yntefe.

****

Rwy'n cofio Anti Jên yn dod aton ni i dê un pnawn Sul, a dweud a thaeru wrtho i nad yw spîd heddi'n ddim i ateb spîd yr oes pan o'dd hi'n ifanc. O'dd hi'n sôn 'i bod hi'n mynd ar gefen beic o groesffordd Mownt i Aberystwyth mewn ugain munud. Ma' croesffordd Mownt bum milltir ar hugain o Aberystwyth -ar Fanc Sion Cwilt. O'dd hi'n esbonio bod beic â gêr-lifyr fowr gyda hi, a'i bod hi'n gallu codi spîd yn rhyfedd gyda hwn.

"Wir i ti, Eirwyn," medde hi wrtho i, "wrth 'mod i'n mynd trwy fflats Llanon a Llanrhystud fforna, allen i dyngu 'mod i'n mynd trwy fynwent -o'dd y cerrig milltir mor amal. Ond y'ch chi'n gweld, Eirwyn, o'dd 'na gêr-lifyr fowr 'da fi. Dim ond braidd cyffwrdd â'r pedals o'n i'n 'i wneud. Pe bawn i'n PEDLO, Eirwyn bach, mi fyddwn i'n y Bala yn y cyfamser. Ond wrth gwrs, wnawn i ddim breuddwydio am wneud y fath beth heddi, a'r holl spîd cops a'r pethe ar yr holl ffordd."

Whare teg i Anti Jên yntefe.

****

Nid fi yw'r cynta i sgwennu'i atgofion yn ein teulu ni. Fe sgwennodd hen wraig mamgu ei hatgofion pan o'dd hi'n bedwar ugain a thair. O'dd hi'n orweddog yn y gwely yn dweud ei hatgofion, a phryd y bydde hi'n rhy flinedig i sgwennu, mi fydden i'n cael cyfle i wneud hynny drosti. Ac wedyn mi fydden i ambell i waith yn darllen y Beibl iddi. Ac wedi darllen tipyn o hwnnw, a laru ar y busnes, mi fydden i'n troi rownd a dweud rhywbeth mewn rhyw gywair joclyd fel 'tae.

"O rhowch i mi fy mhîb a 'maco," ar hanner y bennod. "Na roddwch fwyd cloddiwr i deiliwr, rhag ofn iddo ymgryfhau a thorri'r ede."

"Bachan," fydde hi'n dweud, "'dyw hwnna ddim yn y Beibil!" O achos roedd hi'n hyddysg yn y Beibl, ac wedi'i ddarllen e trwyddo sawlgwaith. A ro'dd hi'n rhoi rhyw gipolwg i fi ar sut o'n nhw'n byw yn yr oes o'r blaen, ac fe ges gyfle fanna i ymhel â'r pethe yn ifanc.

A rwy'n cofio y bydde'r gweinidog yn dod lan weithie i roi cymun iddi a gweddio. Ac mi fydde'r gweinidog wrth gwrs yn gadael 'i got fawr a'i hat yn y passej. A rwy'n cofio un pnawn Sadwrn arbennig, pan ddaeth ffrind i'm chwaer lan. A nawr o'dd rhaid gwneud rhywbeth gwahanol yntefe, a dyma fi'n gwisgo cot fawr a hat y gweinidog a mynd ar y beic o amgylch y tŷ, a'r gweinidog yn y parlwr yn trafod pethe dwys gyda hen wraig mamgu. Finne ar y beic, a'r ci bach yn rhedeg wrth 'y nghwt i yn gwneud mwstwr tu fas, a'r pethe mawr yn digwydd tu fewn yntefe. A'r gweinidog druan yn mynd adre'r nosweth 'ny, a'i got fawr e yn bwdel i gyd. Wel dyna beth cas i'w wneud, ond go brin o'n i'n meddwl 'mod i'n gwneud rhywbeth o'i le. Fel y dywedodd rhywun, ma' dyn yn gwneud llawer iawn o bethe dwl, ond 'i bod hi'n cymryd blynydde i ddyn ddod i sylweddoli 'ny.

****

O'dd hen wraig mamgu yn awyddus iawn ym 1939 i fi fynd i ysgol i fynd mlân am y weinidogaeth. Walle 'i bod hi'n gweld defnydd pregethwr ynddo i walle. Ac o'dd hyd yn oed yr hen weinidog -hwnnw y bues i'n gwisgo'i ddillad e ac yn reidio'i feic e- yn barod i roi benthyg 'i lyfrgell i gyd i fi. Ond fuodd hen wraig mamgu, sef Ruth Mynachlog, farw yn gynnar ym 1940, ac wedyn fe es i bant o'r llwybyr cul i'r llwybyr agored fel 'tae. Fe ddywedodd Pantycelyn yntefe, os rwy'n cofio:

"Gwnes addunedau fil i droedio'r llwybyr cul, ond methu'r wyf."
A ma' Siaci Penbryn yn dweud rhywbeth tebyg i hyn yntefe ar gefen hynny:

"Meddwl byw flynyddoedd lawer,
Falle angau wrth y drws;
Meddwl gwrthod temtasiynau -
Cyn pen dwyawr, ar y bŵs." Yntawe?

****

Ro'dd 'na gyfle yn yr ysgol i berfformo mewn dramau bach ac i acto. Rwy'n cofio un adeg a fu'n ddechreuad i lawer o bethau yn fy hanes i. O'dd rhyw ddrama ar fynd yn y dosbarth, a finne'n eistedd yn y ddesg yn gwylio rhywrai yn actio.

"Bachan," medde'r athro wrth y boi a oedd yn cymryd rhan, "o's 'da ti ddim amcan -bydde'r twpa 'ma yn gallu chware hwnna'n iawn. Dere di mas!" medde fe wrtha i, ac es i mas i wneud y part. Ond o'n i'n 'i wneud e'n berffaith iddo fe, a'r athro a phawb yn câl sioc. Y peth doniol oedd fod yr athro yn chwilio'r gwaetha y galle fe feddwl amdano fe. A byth wedyn yn yr ysgol, o'n i'n cael y cyfle i gymryd y rhan blaena mewn drama.

****

A phob cyfle y bydden i'n 'i gael, bydden i'n darllen Cerddi Idwal Jones, a'u dysgu nhw. A dyna gychwyn ar y stôr o ryddiaith a barddoniaeth sy'n dal i fod ar 'y ngho' i nawr. Dyna gychwyn dysgu'r pethe nad oedd ddim yn rhan o gwrs y Pwyllgor Addysg. Rhaid 'mod i'n dysgu pethe a oedd wrth fodd 'y nghalon i.

Ar y cyfnod wedi gadael ysgol, ro'dd rhaid mynd i gystadlu mewn eisteddfode ar yr adroddiad digri. Ac wedi dewis adroddiad, treulio prynhawne yn yr haf lan ar Fanc Sion Cwilt yn yr unigrwydd i ddysgu'r darn. Yr Hen Lanc, Y Babi, a'r Ci oedd yr adroddiad cynta ddysges i.

A nawr ro'dd 'na eisteddfod fawr ym Mhencader, ac o'dd rhaid cael arian i fynd iddi. Wel yn ystod yr wythnos cyn yr eisteddfod, ar bob cyfle, bydden i a Twm 'y nghyfell yn cwympo sweds mewn ffarm cyfagos, ac ennill bobi wyth geiniog. Ar ben beic yr oe'n ni'n bwriadu mynd: ro'dd rhyw ddeunaw milltir o ffordd i'r eisteddfod. Ro'dd e'n golygu stwmog i fynd mor bell.

Wel o'dd rhaid i fi ddysgu adrodd nawr, a dyma fynd lawr i'r Cilie at Alun Jones. Ro'dd Mr Stevens yr ysgolfeistr ar ei wylie yn Llundain -gwylie haf o'dd hi. Wel fe ddysgodd Alun Jones beth mawr i fi. Ro'dd yr adroddiad -Yr Hen Lanc, Y Babi, a'r Ci- ar 'y ngho i'n berffaith, ond o'dd rhaid 'mod i'n 'i adrodd e yn null Dai Williams, Tregaron, un o Adar Tregaron, yr o'n i'n eu hedmygu gymaint. A fe roddodd Alun Jones gyngor tebyg i gyngor Wil Breian i Rhys Lewis: bydd dy hunan o hyd. Ac fe ddysges i rywbeth mwy nag adrodd fanna -fe ddysges i sut o'dd sefyll yn ymyl 'y nhunan.

Dyma'r diwrnod mawr yn dod, a ro'dd rhaid gofalu bod y beic mewn rypâr, y teiars yn dynn, a'r deinamo a'r cwbwl yn gweithio. Newidies i yn gynnar yn y pnawn, ond dim ond wyth geiniog o'dd yn y boced: ro'dd eisie hanner coron arna i. Roedd arian yn ddigon prin, a dyma Twm a finne'n poeni mam i gael hanner coron. Honno'n crafu tato fan'ny yn nhalcen tŷ, ac yn pallu hyd yn oed rhoi caniatad i fi fynd i'r eisteddfod, heb sôn am wrthod hanner coron. Yn y diwedd, o'n i wedi laru â phoeni, ac wedi cael llond bol ar yr hen fusnes, a mi gymres hyrfa at y bwced tato oedd o dan drwyn hen wraig mam, nes bod y crafion tato yn glwm wrth 'i sbectol a'i gwallt, a'r trowser clip wedi mynd i ddifancoll i'r cae tu ôl tŷ, a honno'n chwerthin, a gorfu iddi fynd i'r tŷ a moen yr hanner coron.

Wedi cyrraedd Pencader, beth oedd mlaen ar y pryd ond yr adroddiad digri, a dyma fi'n mentro mlaen i gystadlu am y tro cynta erioed, gyda'n anadl yn 'y ngwddwg. Ond siomedig iawn oedd y peth -ces i mo'r preis.

Ond fe garies i mlaen i adrodd. Ond o dipyn i beth, wrth adrodd mewn cyngherdde trwy'r blynydde, o'dd yr adroddiade'n mynd yn brin. "Cawn ni adroddiad nawr gan Mr Eirwyn Jones..." y bydde'r arweinydd yn dweud, a finne nawr yn dechrau codi i adrodd heb fod adroddiad teilwng gen i. A dechrau gweu rhyw ragymadrodd doniol -a'r bobol yn chwerthin. Cael blas ar hyn, a'r rhagymadroddi'n tyfu'n fwy a mwy. Nes erbyn heddi, dim ond rhan o'r hyn sy gen i yw'r adroddiade set.

****

Rwy'n credu y dylwn i dalu rhyw fath o deyrnged i T.L. Stevens, prifathro ysgol Talgarreg. A siarad am arian ac yn y blân, dyw arian yn ddim i'r hyn ges i gan Mr Stevens fel barddoniaeth. Mae mwy o'i waith e ar 'y ngho i na gwaith unrhyw fardd arall. Rwy'n cofio, er enghraifft, cael Y Bompren gydag e -darn maith ond hynod o ddigri. O'n i'n câl hanner Y Bompren ar nos Sul, a'i dysgu erbyn nos Lun; cael yr hanner arall ar nos Lun, ac adrodd y cyfan nos Fawrth. A dyma englyn o'i waith e i'r falwoden:

"Hen un od yw'r falwoden -mewn salad
Mae'n sylwedd anniben;
Yn y ffa mae'n stwffo'i phen,
Hen bitsh lle bo cabatshen."

Ac o'dd parodi reit dda gydag e o'r Gorwel, englyn enwog Dewi Emrys:

"Wele i raig ger ymyl rhod -y cwympodd
Campwaith o gwrc hynod;
Mae ffws 'rhen bws wedi bod,
A'i derfysg wedi darfod."

A wi'n cofio dau bennill o barodi arall gydag e -gydag ymddiheuriad i Crwys:

"Gydag ymyl gwefus gul
A rannai'r geg yn ddwy,
Roedd gan Eirwyn ei fwstash,
Y pertaf yn y plwy.
Blewyn bach gan hwn a hon
Yn awr ac yn y man:
Fel yna'n ddigon syml daeth
Mwstashen fawr i'w ran."

Gan 'y mod i wedi sôn am Y Bompren, efalle mai dyma'r lle gore i roi hanes a ddigwyddodd flynyddoedd yn ddiweddarach, ar ôl bod yn byw mewn sawl lle yn

y Sir. Ro'n i'n câl gwahoddiade o hyd i berfformo yng nghyfarfodydd y bobol, ac o'dd 'na un noson lawen arbennig i fod yn Festri'r Capel. Wn i ddim a o'n nhw wedi dod i glywed tipyn o'n hanes i, ond fe ddâth y blaenor a'r ysgolfeistr at y tŷ a gofyn beth o'n i'n mynd i adrodd. Sonies i am yr adroddiade o'dd gen i a wedes i 'mod i'n mynd i adrodd darn arbennig o dda o'n i wedi bod yn 'i adrodd trwy'r blynydde, sef Y Bompren Ryfedd.

"O!" medde'r blaenor, a'r ysgolfeistr gydag e. O'n nhw am wneud yn siwr nawr fod popeth i fod yn chwaethus yn y noson lawen yn y capel. O'dd dim cwrdd ag ymylon dim i fod, y'ch chi'n gweld. O'dd 'na ddim byd awgrymiadol i fod 'i gâl 'i ddweud. O'n i'n deall amcan 'u galwad nhw yn tŷ ni yn iawn, a wedes i am Y Bompren.

"Wel sut y mae'r Bompren yn mynd?" gofynnon nhw.

"O," wedes i, "dyn wedi mynd i ocshwn, ac wedi cal llond bola o gwrw yn yr ocshwn ac wedi meddwi, mynd grôs i'r afon, colli'r ffordd o'r llwybyr, a mynd grôs trwy'r dŵr a chydio yn y bompren gan feddwl mai'r ganllaw o'dd e, a ma 'na ryw swn cas tua'r diwedd."

"O!" medde'r ddou flaenor wrtha i, "gadewch hwnna i fod." Ond ro'dd y darn yn hollol chwaethus -yn iawn- wrth gwrs.

"Olreit," medde fi, "dyna fe. Weda i ddim mo'r darn yna 'te."

A dyma'r noson lawen yn dod, a'r peth cynta wnes i o'dd adrodd y darn arbennig hyn. A wi'n cofio fel 'tae nawr gweld y ddau flaenor parchus 'ma yn y gynulleidfa, a'u hwynebe nhw'n gwrido i gyd. O'n nhw ddim yn gwbod ble i hwpo'u pene, fel o'n i'n dod yn nes at y rhan ble ro'dd y dyn yn mynd i'r afon, a'r swn cas yntefe. Ond y pwynt yw hyn. Os o'dd y gynulleidfa yn câl blas ar y darn adrodd, o'n i'n câl mwy o flas wrth wylio'r ddau flaenor parchus. A ro'dd popeth yn iawn yn y diwedd.

****

Dyw'r ffaith fod dyn yn barnu ddim yn golygu 'i fod e'n feirniad, a ma' hyn yn arbennig o wir am feirniaid adrodd. Rwy'n cofio adrodd Yr Hen Lanc, Y Babi, a'r Ci, o waith Idwal Jones, un tro yn y dyddie cynnar, a'r hen feirniad yn dweud y nosweth 'ny mod i'n sili-bili. Wel o'dd dim gwahaniaeth 'da fi 'i fod e'n dweud mod i'n sili-bili, ond fe ddwedodd fod y sawl o'dd wedi gwneud yr adroddiad yn sili-bili. Ac fe roddodd e'r wobr i ryw ferch a o'dd yn adrodd rhywbeth aboiti'r niwl -o'dd e mor dywyll â'r niwl 'i hunan. Do'dd dim tamed o ddigrifwch yn perthyn i'r darn.

Ro'dd Idwal Jones, y'ch chi'n gweld, yn arwr gen i. Fe awn i i rywle i weld Adar Tregaron. Rwy'n cofio un prynhawn arbennig. Ro'dd 'y nghyfell a finne wedi prynu fferet, ond o'dd y fferet 'ma wedi mynd i gysgu yn y twll cwningod 'ma -fel maen nhw'n gallu gwneud weithie ar ôl bwyta cwningen. Wel buodd anghydfod rhyngddo i a 'nghyfell, oherwydd beth o'dd mlan y nosweth 'ny yn Nhalgarreg yn y pentre ond Adar Tregaron, a ro'dd well 'da fi golli'r fferet na cholli'r parti. A dyna wnaethon ni, gan adael y fferet -un digon annwl- yn y twll gyda'r cwningod. Wel nawr o'dd rhyw ddylanwade felna yn werth wheigen o fferet, oherwydd y pethe 'na sydd yn werthfawr yntefe yn y pen draw.

****

A ma hen ddywediad i gal, fel o'n i'n gweud, Os wyt ti byth mewn trwbwl, tria ddod mas ohoni. A wi'n cofio'r tro cynta i fi fod mewn trwbwl, a dod mas ohoni'n iawn. Wrth gwrs, efalle 'mod i wedi bod mewn llawer i drwbwl cyn hynny, ond heb sylweddoli 'mod i'n dod mas ohoni. Ond wi'n cofio'r tro arbennig yma, pan o'n i'n grwt ar fin gadael ysgol. Twm 'y nghyfell a finne, unwaith eto, wedi prynu fferet am bobo goron, a mynd i ffereta. Ond o'dd rhaid potshan tipyn -o'n ni ddim yn câl caniatad pawb y'ch chi'n gweld. Ro'n ni nawr yn dod nôl dros rhyw fanc yng nghyffinie Llanarth, a phwy o'dd yn dod i'n cwrdd ni, ond y ffarmwr, ac o'n i'n teimlo fod y dyn yn grac, ac yn gas. Ro'dd fferet yn 'y mhoced, a'r rhwydi a'r pethe, a dyma'r ffarmwr yn dod lan aton ni yn gas iawn, a dweud ein bod ni'n trespasu ar 'i dir e. A dyma fi'n awr yn dod mas o'r trwbwl o'n i ynddo fe yntefe.

"Wir Mr Defis bach," dyma fi'n dweud 'tho e, "mae'n ddrwg calon gyda ni ein bod ni wedi gwneud y fath beth â hyn, wa'th o'n i'n gweud 'tho Twm ers amser ein bod ni siwr o fod ar eich tir chi Mr Defis, oherwydd o'n i'n gweud 'tho Twm, 'Weli di'r cloddie 'ma -ma grân ar y cyfan. Nid cloddie ffarmwr arall yw'r rhain. Weli di'r cloddie ma'n gymen, a'r caëe a'r cyfan yn iawn? Y'n ni ar dir rong siwr o fod. Wa'th dyn digon didoreth o'dd y dyn bia'r ffarm lle cawson ni ganiatad. Tir Mr Defis yw hwn yn siwr i ti.' "

"Cariwch mlân bois bach," wedodd y ffarmwr wrthon ni. "Fferetwch faint a fynnoch chi."

O'n i wedi cwrdd â'i fan gwan e.

****

Gadawes i'r ysgol tua 1936, ac rwy'n cofio'n glir am hanes Penyberth: fe ddaeth y tri yn arwyr mawr i fi ar ôl llosgi'r ysgol fomio. Yn y cyrddau adloniadol yn y capel, bydde pob un yn 'i dro yn dewis testun i siarad arno fe -rhyw ysgrifennu papur neu ysgrif fel 'tae. Wel do'n i ddim yn ysgrifennwr o gwbwl -o'dd dim un dawn ysgrifennu gen i. Ond o'dd yr adeg yn dod pan o'dd yn rhaid i fi wneud rhyw fath o ysgrif. Fel rheol, bydde'r bobol ifenc yn mynd at rywun galluog a gofyn iddon nhw wneud y gwaith. Ond des i mas ohoni heb ofyn i neb. Des i ar draws rhyw ysgrif mewn rhyw hen Dywysydd y Plant ar y tri llanc yn y ffwrn dân, Shadrach, Mesach ac Abednego. A dyna i gyd wnes i o'dd newid enwe'r tri 'ma i dri arwr Penyberth, a chymhwyso yma a thraw. Ac o'dd hi'n ysgrif fawr. A dyna'r tro cynta, rwy'n meddwl, i bobol sylweddoli 'mod i'n genedlaetholwr.

Ond i olrhain 'y nghenedlaetholdeb i yntefe. O'dd Merfil 'y nghefnder a finne wedi bod lawr yn Cei Newydd -rhyw bymtheg oed o'n i- ac yn teimlo mai Saesneg o'dd i'w glywed ym mhob man. A minne'n gofyn i Merfil beth o'dd i gyfri am hyn. O'dd 'na neb i gâl ar wahan i'r Urdd i amddiffyn yr iaith a'r pethe? Ac fe wedodd Merfil 'tho i hanes Penyberth, hanes Saunders Lewis, D.J.Williams a Lewis Valentine yn rhoi tân yn yr ysgol fomio. A wi'n cofio'n iawn mynd nôl i'r tŷ yn hwyr y nosweth honno. Ro'dd y drws ynghlo, a dyma fynd mewn trwy'r ffenest, a thrwy'r bleinds a'r blode mis Mawrth, heb i neb ein clywed ni. Ac yno, yn nhywyllwch yr ystafell, y dechreuodd Merfil, gan sibrwd bron, egluro i fi am Blaid Cymru. Ac fe ddanfones lythyr i Blaid Cymru i ofyn a allen i ddod yn aelod ohoni. A dyma gael Y Ddraig Goch bob mis, ac yn rhyfedd iawn, un mis, dyma fi'n darllen Llythyr y Mis ar waelod un o'r tudalenne, a gweld G.E.Jones, Talgarreg odano fe. Wel dyna'n enw i yn llawn -Gwilym Eirwyn Jones. Wel meddyles i fod hyn yn debyg iawn i'r llythyr o'n i wedi 'i ddanfon at y Blaid. "Teimlaf i'r byw dros Gymru a gwnaf fy ngorau drosti" o'dd yn y llythyr.

Pan fydda i'n dadle am 'y nghenedlaetholdeb, ma' 'na un pennill wi'n 'i gâl e'n ddefnyddiol iawn -pennill o waith Llywelyn Williams, ymgeisydd seneddol yn Sir Aberteifi yn yr ugeinie os rwy'n cofio'n iawn:

"Daw terfyn ar fawredd cenhedloedd
A llwyddiant anfoesgar y Sais;
Daw dydd pan na chwifia ei faner
Ar diroedd ennillodd trwy drais."

Ma'r Iwnion Jack wedi'i thynnu lawr mewn lot o lefydd, ond mae'n dal i hofran yma. Ond mi ddaw'r dydd pan na fydd hi ddim yn hofran cystel yntefe.

****

Dafi Bach wedi gadel yr ysgol yn beder ar ddeg, a chyn bod yn bymtheg ôd, o'dd e wedi mynd i Lundain i weithio. A dyma 'i dad nawr yn esbonio i fi bod trefniade rhwng Dafi Bach ag ynte, 'i fod e'n ffonio nôl i'r kiosk wrth gartre 'i dad un tro. A dyma'i dad yn y kiosk yn disgwyl i'r gloch fynd, a dyma'r gloch yn canu, a'r tad yn ateb. Dechre siarad, ond o'dd y tad yn deall dim o Dafi Bach, er bod hwnnw'n siarad Cymraeg. A dyma'r tad yn gofyn i Dafi i siarad Saesneg gyda fe.

"A wyddech chi beth, Eirwyn," medde'i dad wrtho i, "wedi iddo fe siarad

Saesneg arna i, allwn i dyngu nad o'n i ddim yn yr un kiosk!"
A 'na beth od yntefe yw dyn clîn shêf a dwy iaith. 'Fyddwch chi byth yn barchus os mynnwch chi lynu wrth y Gymraeg.

****

Ar ôl gadel ysgol, mi es i'n brentis sâr. O'n i wedi penderfynu mynd yn sâr, er bod tipyn o awydd mynd i'r môr arna i hefyd. Yn y blynydde 'ny, o'dd dyn yn gweithio am y ddwy flynedd gynta am ddim, ac yn ennill coron yr wythnos am y drydedd flwyddyn. Ond mi ges i brofiad mwya cyfnod prentisiaeth yn ystod y mis Awst cynta ar ôl mynd yn sâr. O'n ni'n dri prentis, dau sâr ac un mashwn, wrthi'n adeiladu tŷ lawr yn ymyl Cei, ac un prynhawn, ro'dd y boss wedi mynd i ffwrdd i rywle. Nawr yn nhalcen y tŷ 'ma, ro'dd 'na bwll plwmp o rhyw beder troedfedd ar ddeg o ddyfnder -hynny yw, rhyw dwll lawr yn y ddaear er mwyn dod â dŵr i'r tŷ. Ac wedi cael gwared â'r boss, dyma gael tipyn o hwyl nawr wrth yrru moto beics. Ro'n ni wedi gosod plancie ar draws ceg y pwll plwmp 'ma, a gyrru'r beics ar y plancie uwchben y dyfnder mawr 'ma. Ac wedi cael digon nawr ar hynny, fe ethon mlân gyda'r gwaith. O'dd y prentis mashwn yn plastro wal ar y lloft; digwyddes inne fynd lan i'r llofft, a dyma fe'n rhedeg ar 'yn ôl i gyda llond trowel o blastering, er mwyn 'y mwrw i gyda'r plastering 'ma. Rhedes i mas o'r tŷ, heibio talcen y tŷ, ac wrth 'y 'mod i'n mynd heibio'r talcen, fe gwmpes i lawr i'r pwll plwmp 'ma.

Wel wir i chi, o'n i wedi breuddwydio lawer gwaith 'mod i wedi cwympo i lawr i'r fath le, ond dyma'r peth nawr yn wir. Ro'dd y peth wedi'i wireddu nawr: o'n i o dan y dŵr. Ro'dd hi'n ddwarnod poeth o haf, ond o'n i o dan y dŵr, ac yn teimlo bron â boddi. Ond dyma fi lan i'r wyneb, a beth o'dd yn fy ymyl i fan'ny ond llygoden ffreinig, a dyma fi'n gweiddi ar y bechgyn i ddod ag ysgol i fi gâl mynd lan, ond do'dd y bechgyn ddim yn caniatau i fi ddod lan. Ro'dd rhyw forthwl wedi cwympo lawr i'r pwll rhyw dair wythnos cyn hynny, ac o'n i'n câl dod lan ar y telere 'mod i'n mynd o dan y dŵr unwaith eto i nôl y morthwl. A lawr â fi o dan y dŵr, ac er i fi whilo a chrafu gwaelod y pwll, ffiles i'n deg â châl y morthwl. Yn y diwedd, fe ddaethon â'r ysgol i fi gâl mynd lan. A dyna brofiad go ryfedd yntefe.

****

Ro'dd Jac 'y mhartner i, a o'dd ar 'i flwyddyn ola yn brentis, yn ennill coron, a finne'n ennill dim. Ar bob dydd Sadwrn, o'dd Jac yn câl 'i dalu. A wi'n cofio un Sadwrn arbennig, dyma Jac yn derbyn 'i dâl, a finne'n câl dim. A ro'dd Jac yn ŵr bonheddig: o'dd e'n teimlo'n gryf iawn drosta i. A dyma fe'n mynd â fi draw, am y tro cynta 'riôd, i dafarn yn y Cei i gâl peint a phacyn dwy ginog o Wdbein. Jac a finne'n mynd draw i'r dafarn yn hollol swil yntefe ac wylaidd, o achos, o'dd mynd i dafarn yn beth mawr on'd o'dd e? A dyma Jac, gyda'r coron yn 'i boced, a finne gydag e, yn cerdded i fewn i'r dafarn, a'r tafarnwr ar y drws, a finne'n tynnu 'nghap ac yn cnocio'r drws. A dyma'r tafarnwr yn rhoi gair o gyngor a chyfarwyddyd i ni.

"Nawr," wedodd e, "pan fyddwch chi'n mynd i dafarn bois, cerddwch rownd

fel 'tasech chi'n berchen y lle, a tithe 'run peth," medde fe wrtha i, "a phaid â thynnu dy gap -'sdim ise i ti: mae e'n le i bawb."
A dyna'r peint cynta -peint o feild, whech chinog. A byth oddiar 'ny, 'ddaeth e ddim i'm meddwl i i gnoco drws tafarn na thynnu 'nghap.

****

Wel nawr, dyma gyfnod dysgu gwaith sâr, a chyfnod dysgu crefft. Ond nid yn unig hynny -ro'dd dyn hefyd yn câl y cyfle mowr i ddysgu byw ar ddim. A'r peth cynta y mae'r prentis yn 'i ddysgu yw hyn. Mae e'n edrych ar damed o bren yntefe, ac mae e'n towlu'i lygad dros y tamed pren 'ma, i gâl gweld ble ma'r TWIST ynddo fe 'ntefe. Ac wedi gweld y tipyn twist 'ma, a diweindo'r pren 'ma, mae e'n moen câl y twist 'na mas, fel bod 'da fe un wmed yn hollol ddiffuant, yn hollol ddi-dwist. Wel wedyn mae e'n hogi blân, i gâl awch i blamo hwn. Ac wedi câl y twist 'na mas o wyneb y pren, mae e'n rhoi marc arno fe, ac wedyn o'r wyneb yna, o wyneb y marc, sydd yn hollol ddi-dwist, mae e'n sgwaro gyda sgwâr. A meddyliwch chi nawr petai dyn yn gallu dod mas o'i blisgyn, ac aros rhyw lathed oddi wrtho -oddi wrth 'i blisgyn- a thaflu'i lygad drosto fe, i gâl gweld ble ma'r twist ynddo fe 'i hunan yntefe. Wedyn, ar ôl gweld y twist, mae e'n hogi blan, a phlamo'i hunan. Wel wedyn, ar ôl iddo fe gâl y twist 'na mas ohono fe 'i hunan, mae e'n gallu mynd o amgylch a gweld y twist sy' yn ei gyd-ddyn. Y brycheuyn yn llygad dy frawd yntefe. Do's dim gobeth plamo os nad y'ch chi wedi câl plamad eich hunan.

****

Fel ma' storïe yn newid o un ceg i'r llall yntefe. Pan fyddwch chi'n torri ceubrennau pen tŷ, y'ch chi'n cadw un ceubren fel patrwm. Y'ch chi'n marco'r ceubren 'na mas yn berffeth, ac y'ch chi'n marco pob ceubren arall oddi wrth y ceubren hwn sydd yn batrwm. Petae chi ddim yn gwneud hynny, a llifio un ceubren ar ôl y llall, bydde 'na ddim un ceubren yr un maint. A felna ma' storïe. Gwedwch 'mod i'n dweud un stori wrthoch chi nawr, a chi'n 'i dweud hi wrth rywun arall, bydd y stori 'na'n hollol chwith erbyn y bydd hi'n hanner wedi saith. Wel nawr ma llawer o bethe i'w dysgu wrth fod yn sâr yntefe.

****

Mae 'na hen ffordd o gâl sgwâr sy'n gyfarwydd i bob sâr. Mesur tair troedfedd i un cyfeiriad, a mesur peder i'r cyfeiriad arall; rhoi marc ar ben y tair, a marc ar ben y peder, a mesur o un marc i'r llall. Os bydd y sgwâr yn gywir, fe ddaw'r mesuriad ola 'ma i bum troedfedd. Fel hyn:

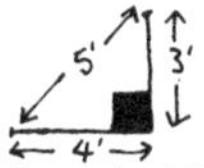

Pam ma' hyn 'te? Wel sgwarwch y tri -dyna i chi naw; sgwarwch y pedwar -un deg chwech; rhowch y ddau at 'i gilydd, a dyna i chi ddau ddeg pump, a dyna i chi, wrth gwrs, y pump wedi'i sgwaro. Mi allwch chi 'i wneud e ar un-rhyw fesur, ond ma'n rhaid i chi falu awyr wedyn yntefe. Wel mae'n lot o beth bod dyn yn gwbod y pethe 'na. Rhyw air bach o eglurhad felna.

****

Y boi o'n i'n dysgu gwaith sâr gydag e o'dd Tomos John. Pan fydden i wrthi'n gweithio, bydde Tomos John yn dod rownd i weld shwd rân o'dd ar 'y ngwaith i.

"Eirwyn, ble rwyt ti nawr boi?" medde fe un bore. Rhyw deip o ddyn fel hyn o'dd Tomos John -yr hen deip, hen werinwr, a chawr o ddyn. A dyma fe'n dod draw i gondemio 'ngwaith i.

"Bachan bachan," medde fe, "wyt ti ddim yn brwsho dy baent o gwbwl. Rwyt ti'n gadel dy bwtti fel cachu gwylan aboiti'r lle."

Rhyw ddywediade felna o'dd gyda Tomos John yntefe. A rhyw bethe felna "fel y mae yn dod i'm cof" chwedl Elfed.

****

Ymhen dwy flynedd wedi dechre gweithio, a dod i ennill coron yr wythnos, ro'dd yn rhaid cael beic gwell o lawer na'r un o'dd gen i cynt, a dyma brynu Raleigh gyda'r handls lawr, mydgards gwyn, a'r pedals trap llygod mawr. Beic ffast. Wel mynd i Ffair Aberteifi, ac yno, o'dd rhyw awydd, fel pobun arall, am wedjen fach yntefe. Ac fe gwrddes â merch o gyffinie Trelech, sef Mari. A dyma fi'n gofyn i Mari o ble ro'dd hi'n dod, a dyma drefnu dyddiad at y Sadwrn ar ôl hynny, a mynd lawr i Drelech. Do'dd 'da fi ddim syniad ble ro'dd Trelech, ond dyma fi'n cychwyn ar ôl cinio ar ddydd Sadwrn am ddau o'r gloch, gyda'r trowser clips lan, a gofalu bod y whîls yn dynn, bod yr owtffit ryparo pynctshyrs gen i, bod y deinamo yn gwitho, a'r cwbwl yn iawn ar y beic. Wel wir, cyn i fi fynd chwarter ffordd, dyma fi'n teimlo fod y lle'n bell, a dyfaru braidd 'mod i wedi gweld Mari o gwbwl.

O'r diwedd, cyrradd Trelech, a Mari'n gwitho ar y ffarm. Ro'dd hi'n saith o'r gloch ar nos Sadwrn, a Mari ym mwlch y clôs, a'i breichie mas. Clampen o fenyw, cymaint dair gwaith â honno o'n i wedi'i gweld yn Ffair Aberteifi. Ond rhaid mai'r un un o'dd hi yntefe, ond efalle nad yr un sbectols o'dd gen i pan weles i hi yn y Ffair. A châl gair bach â Mari fan'ny.

O'dd hi'n nosweth digon garw, a'r adeg hynny, ro'dd e'n ffasiynol i fynd i garu yn y wâc, neu'n y bing, a dyma fynd yno. Lle hyfryd iawn, gyda gwair rhydd, ac nid bêls fel sy heddi. Anadlu'r da fel hîtyrs yn cynhesu'r lle i gyd, a sŵn cesair yn disgyn ar y tô. Wel o'dd 'na fiwsig ym mhob man. A dyna'r adeg y des i i wbod yn seis. Mari mor fowr, a minne mor fach. Wel do'dd dim cysondeb yn y peth y'ch chi'n gweld. Chwedl Idwal Jones yntefe, eliffant a whannen, ac eto'r ddau yn bethe byw natur yntefe. Mari ar 'i chefen, breichie mawr, cluste mawr, llyged mawr, trwyn mawr. Mari'n tynnu'i hanadl mewn trwy'i thrwyn, ac o'ch chi'n gweld yr hade wâc yn dod lan; Mari'n tynnu'i hanadl nôl, a'r hade wâc yn mynd nôl fan draw, a'r teid yn dod mewn, a'r teid yn mynd mas.

Wedi bod man'ny yn caru yn y wâc, a threulio llawer i awr fach hyfryd, dyma deimlo'n awr eisie tamed bach o fwyd. Ac fe wedodd Mari, "Dewch lan i'r tŷ -ma'r boss a meistres yn y gwely nawr. A mynd lan i'r tŷ i gâl diferyn o lâth cyn dechre ar y ffordd 'nôl adre. A nawr, yn lle cadw sŵn a dwyno'r llawr, ro'dd rhaid tynnu'n sgidie lawr yn y drws, ac wedi yfed y llâth a bwyta'r bara menyn, a sŵn llestri yn gwitho 'na, mae'n debyg fod yr hen ffarmwr wedi clywed y sŵn yn dod o'r gegin fach, a phwy weles i yn y passej fan draw, ond yr hen ffarmwr yn 'i grys gwlannen a'i drôns â llinynnon, a gwn yn 'i law e. Wel, dyma fi'n meddwl, mae 'mywyd i mewn perygl. A heb feddwl rhagor, dyma fi'n rhedeg ar un waith mas trwy'r drws, a'i bwrw hi am y beic -heb 'yn sgidie.

Nawr ro'dd y fath beth â 'rat-trap pedals' ar y beic -pedals fel trap llygod mawr. Ro'n nhw'n ffasiynol iawn: byddech chi'n ddyn a hanner pe bai'r rhain ar eich beic. A dyma fi ar gefen y beic, a phedlo am filltiroedd heb ddisgyn, a cherdded y rhiwie heb ddim am 'y nhrâd. A mynd yr holl ffordd o gyffinie Sir Benfro i groesffordd Mownt. Wel o'dd hi'n fore dydd Sul erbyn i fi gyrraedd adre, ac o'dd 'y nhrâd i'n waed i gyd. A ro'n i'n ofan câl row gyda mam, ac yn lle mynd rownd y ffordd, dyma fi'n tynnu plet trwy'r ca tu ôl y tŷ er mwyn arbed amser. Yn y cae 'ma, ro'dd 'na hen chwarel fawr â dibyn, ac yn y tywyllwch, fe golles y llwybyr, a mynd lawr dros ochor y llwybyr.

Ond peth rhyfedd yw Ffawd -ro'dd Ffawd gen i eto. Ro'dd 'y nwylo i mas felna, a mi drawes yn erbyn cangen coeden, ac o'n i'n falch 'mod i byw, a fan'ny bues i am orie yn hongian wrth y gangen 'ma. A nawr pan wawriodd hi, hyn o'dd yn od -rhyw whech modfedd o'dd rhyngddo i â'r ddaear. A dyna'r tro cynta a'r tro ola i fi fynd lawr i weld y Mari fowr.

****

Wedyn, un tro arbennig, gadael catre un bore i fynd i ocshwn yng Nghastell-newydd -fi a 'nghyfell. Ond do'dd dim llawer o hwyl yn yr ocshwn, ac fe ethon ni bant i Gaerfyrddin. Ro'n ni'n teithio ar y moto beic cynta ges i: o ganlyniad, o'dd llawer o ofidie yn dod mewn. A do'n i ddim yn llawer o fecanic. Ac wedi treulio'r dydd yn y ffair, a mynd i Woolworth a phrynu rhyw bethe, daeth yr amser i gychwyn am adre ar y moto beic. Moto beic Ariel o'dd hi, gyda llaw, gyda lamp garbed -gole gwan iawn. Ac ar y ffordd mas o Gaerfyrddin, fe stopodd yr Hôm Gards ni, ac ar ôl y cwestiyne, dyma fethu ail-gychwyn y beic. Ro'dd hi'n bwrw glaw yn ofnadw, ac o'n i'n ofan fod dŵr wedi mynd mewn iddi. O'dd hi nawr yn ddeuddeg o'r gloch, ac fe bwshon ni'r hen foto beic i'r clawdd fan'ny, a beth o'dd yn dod ar y pryd ond y bys i Landysul. Wel dyma ni i fewn i'r bys, ac wedi inni gyrradd Llandysul, o'dd hi'n hwyr iawn, ac yn tynnu am un o'r gloch. Wel o'dd 'da ni rhyw ddeng milltir i'w gerdded, ac o'n ni'n teimlo'n flinedig. O'dd dwarnod cyfan wedi mynd, a do'dd dim i'w wneud nawr ond whilo shed wair i gysgu ynddo fe. Cethon ni afel mewn un, a dyma gysgu ar ben rhyw hen sgube. Yn union wedi dechre cysgu, fe ddaeth y llygod mawr i'n dihuno a'n poeni ni, a rhyw gysgu digon diflas fuodd trwy'r nos. A nawr, fe glywon ni rhyw draen yn mynd, a feddylion ni 'i bod hi ddim yn bell o fod yn gwawrio, a dechreuon gerdded nôl a mlân ar bwys Llandysul. Ond o'dd hi'n amser rhyfel, a'r cloc ddwy awr mlân, ac fe ath orie wrth gerdded nôl a mlân trwy Llandysul. Ac am chwarter i wyth, fe ddâth bys arall, a hwnnw'n mynd nôl i Gaerfyrddin eto, ac nid am adre, lle dylen ni fod yn mynd ar ôl bod i ffwrdd cyhŷd. Ethon ni'n dou ar y bys, i gâl gweld os gallen ni gâl y moto beic i ddechre eto. Erbyn cyrraedd Caerfyrddin, o'dd hi'n dechre dyddio. Wedi dod o hyd i'r beic, dyma 'i dynnu e'n rhydd, a glanhau'r carbyretor, o'dd â'i lond o ddŵr. Ond do'dd dim taniad. Ysgwyd a chicio a rhegu'r hen foto beic; ond dim taniad o hyd. Rhoi i fyny unwaith eto. A phwy ddaeth ond gweinidog o Bont-shân, a o'dd yn hebrwng bachan o'r ardal i ddal y traen i fynd nôl i'r Armi. Ac fe wedodd hwnnw 'tho ni y bydde fe nôl mewn llai na chwarter awr, ac y celen ni lifft nôl gydag e. Reit, fe ddaeth e ymhen rhyw ugen munud, ac esbon-io'r holl hanes iddo fe, ond o'dd y pregethwr wedi drwgdybio mai bechgyn wedi bod yn cysgu mewn rhywle heblaw mewn gwely o'n ni, oherwydd o'dd gwellt a golwg arw arnon ni. A nawr ro'dd y gweinidog hyn yn mynd i ffair Llambed, ac fe gethon ni lifft gydag e hanner ffordd i Lambed. Wel o'n ni nôl nawr mewn sefyllfa waeth o lawer nag o'n ni chwarter wedi wyth y bore. Ro'n ni nawr tua wyth milltir eto o Landysul, ac o'n ni'n bellach oddi adre o hyd.

"Y peth gore allwch chi 'i neud nawr bois," medde'r pregethwr, "yw mynd lawr nawr i Landysul i Garej Dafi Tom. Wi'n siwr mai'r magneito sy mas o le, a fe sgilith Dafi Tom chi nôl."

Wel dyma ni'n cerdded bob cam i Landysul -tua wyth neu naw milltir, a chyrraedd tua amser te, ac heb gal bwyd ers y dwarnod cyn 'ny.

"Wel wir," wedes i wrth 'y nghyfell, "gad Dafi Tom i fod: fe gerddwn ni adre!" Ac fe gerddon adre bob cam -tua deuddeng milltir. Pan gyrhaeddon ni, o'dd hi wedi mynd yn dywyll, a mam yn dod i'r drws yn whilian ble o'n ni wedi bod. Wi'n credu mai dyna un o'r troeon cynta i fi fod ar goll fel 'tae.

****

Wi'n cofio, rhywbryd adeg y rhyfel, o'n ni'n bedwar cyfell yn mynd i bob man. Wel ro'dd steddfod mlân nawr ym Mhontshân, a ro'n i'n gwybod fod gweddill y bechgyn wedi mynd i'r eisteddfod. Ro'n inne i fod i fynd lawr ar 'u hôl nhw wedyn. Ond do'n i ddim yn yfed dim cwrw y pryd hynny -dim cwrw o gwbwl, ac o'n i'n gwbod y bydde'r bechgyn i fewn yn y dafarn. A ro'dd 'na hen stabal tu fas, ac o'n i'n gwbod y bydde un ohonyn nhw, hwyr neu hwyrach, yn siwr o ddod mas. Ac fe es i i gwato tu ôl i'r drws fan'ny.

Ac fe ddaeth un o'r cyfeillion mas, a dyma fi'n gwneud sŵn cas -"Yyeahyy-yyaehhhhhhhh!!!" A mi wyddwn i y bydde'r cyfell 'ma'n siwr o wneud sŵn ar 'yn ôl i -er nad o'dd e ddim yn gwbod mai fi o'dd e. "Yyyyyyyeeeeeaaaahhh-hhhheaheaheahhhhhhhh!!!!!" medde'r cyfell, yn fwy. A dyma fi mlân ato fe nawr ac fe wedes i, "Be ti'n weud, be ti'n weud?" Ac fe gafodd gymaint o ofan, fe redodd lawr i gyfeiriad Llandysul -ac nid am 'i gartre- a finne'n rhedeg ar 'i ôl e. Fe droeodd nôl ar 'i sawdl, a finne'n troi nôl o hirbell. A dyma fe'n rhedeg am 'i gartre, a arhosodd e ddim nes cyrhaeddodd e: o'dd e wedi câl ofan mawr.

A ro'n i'n cwrdd trannoeth i gyd gyda'n gilydd wedyn yn Nhalgarreg, a dyma'r cyfell hyn yn sôn am 'i brofiad.

"Ble fuest ti nithwr 'te?" gofynnes i iddo fe, "Beth ddigwyddodd i ti?"

"Ow," medde fe, "Es i mewn i'r stabal 'na, a dath rhyw foi mawr dychrynllyd lan ata i -y tebyca eriod, allech chi feddwl, i Garnera."

Ac wedi cawlio gyda'r llais o'dd e wrth gwrs. O'dd e wedi clywed 'yn llais i yn y tywyllwch, a ro'dd e'n meddwl fod rhyw Garnera mawr am 'i waed e, a ninne'n chwerthin am 'i ben e. Ac fe wedon ni'r stori wrth gwrs, ac esbonio mai fi o'dd e, ond ro'dd e'n methu credu -a dyw e ddim yn credu tan y dydd heddi mai fi o'dd e.

****

Rwy'n cofio'r car cynta brynes i -Wlsi 12 Hornet sports car, sics silindyr. Am ddeg punt ar hugen, os rwy'n cofio'n iawn -arian mawr. A nawr, o'dd rhaid câl inshiwrans iddo fe. Ac, wrth gwrs, ro'dd yn rhaid câl rhywun profiadol i ddysgu fi i ddreifo. Ac fe ges i gyfell o Cross Inn -Dai o'dd 'i enw e. A nawr dyma adael Brynsilio yn y prynhawn i godi inshiwrans lawr ym Mwlch y Groes. A dyna'r tro cynta eriôd i fi ddreifo. Ac wrth i Dai a finne 'i bwrw hi draw am y lle inshiwrans, pwy o'dd ar y ffordd rhyw hanner milltir o'r tŷ ond Dan. "Jwmp mewn Dan," wedes i. Do'dd dim angen agor y drws -ro'dd y dryse'n ddigon bach ichi allu baglu drostyn nhw. (Ro'dd hwd y car lawr.) A dyma Dan mewn yn 'i fritsh a'i wellingtons.

Wedi mynd mas i'r briffordd, o'n i'n meddwl 'mod i'n yrrwr arbennig nawr. Paso bys, a'r hen gar yn mynd lan i drigen milltir yr awr. Trigen a deg - whiw o'dd e'n trafaelu. A ro'dd y boi o'dd wedi 'i werthu e i fi wedi pwysleisio am gymryd pwyll, o achos ro'dd y car yn un ofnadw o ffast -o'dd e wedi bod yn rhedeg ar y trac ym Mhendein. A nawr wedi paso'r bys a mynd dros y gripell, dyma'r steering yn dechre chware -o'dd speed wobble yn dod mewn, a'r car yn troi o un clawdd i'r llall. A mynd felny am bellter o un clawdd i'r llall. A neb yn gweud dim -o'dd pawb wedi câl ofan. A ro'dd y boi o'dd yn dysgu dreifo yn mynd nôl a blân o dan y dashbord fel fferet. O'dd e'n methu deall beth o'dd yn bod, a dyma fe'n cydio yn y steering whîl, a'r car yn mynd draw o'r clawdd ochor chwith i'r clawdd ochor dde. A do'dd y boi tu ôl ddim yn gwbod p'un ai i jwmpo mas neu i gydio'n sownd. A nawr dyma'r hen hwd o'dd wedi'i strapo lawr yn dod yn rhydd. A dim ond sŵn y gwynt o'n ni'n 'i glywed. Je, o'ch chi'n gallu tyngu eich bod chi ar y môr, yn y Bay of Biscay. Ac yn y diwedd, fe gymerodd y clawdd ochor dde -lawr â'i ben i'r ddaear.

Wel wir i chi, o'n i'n meddwl mai breuddwydio o'n i. Edryches rownd. O'dd Dai, y boi o'dd yn dysgu dreifo, wedi codi'i goes dros ochor y drws bach. O'dd sowdwl 'i esgid e bant yn grwn, twll mawr yn nhîn 'i drwser e, a'r gwaed yn rhedeg lawr coes 'i drwser -wedi câl clwyf ar 'i benôl. A'i gap e wedi mynd o'r golwg -wedi mynd dros ben clawdd rhywle. A'r boi tu ôl -Dan, y boi â'r britsh a'r wellingtons- yn sownd yn y tar ar yr hewl, a'r jac o'dd o dan sêt y car yn hedfan heibio'i glust e. A dim ond clips, oel drud a phetrol o'dd i'w weld ar hyd y lle. O'dd yr acsl blan wedi plygu nôl i ben y bonnet, a do'dd dim spogen arni.

Wel fe gethon ni'r hen beth nôl ar 'i drâd, a'i bwsho fe lawr i ben hewl nes mlân, a'i droi e nôl. Erbyn hynny, ro'dd bys arall yn dod. Wel wir i chi, allen i ddim dilyn beic heb sôn am fys wrth fynd fel'ny o un clawdd i'r llall. Ac fe es i â'r car gyda hop a herc ar dair whîl adre, a'i adael e o flân tŷ.

"Diwedd mawr," wedodd mam wrtha i, "Dy ddiwedd di fydd moelyd y car 'na, a tithe wedi dod o Fwlch y Groes mor gloi a hyn!" Wrth gwrs, dim ond hanner ffordd i Fwlch y Groes o'n i wedi bod.

A Dai yn mynd i'r shed yn y cefen i whilo lest er mwyn ryparo'i sowdwl, rhag ofn câl row gyda'i fam e. A rhyw brofiad felna ges i gyda'r car cynta yntefe. Chwedl Jacob Dafis, os rwy'n 'i ddyfynu e'n iawn:

"Chi'n damed gwell o gydio'n dynn fel sant
Wrth sêt y bys sy'n rhedeg bant."

****

Wedi treulio blynydde fel prentis sâr, mi ges brofiad o'r newydd, a chyfle eto i ymarfer 'y nhunan yng nghwmni gwahanol gymeriade, wrth fynd lawr i Dre Cŵn i weithio. Y National Service Officer o'dd yn hala bobol i Dre Cŵn er mwyn gwneud rhyw waith mawr adeg y rhyfel. Ro'n nhw'n dod o amrywiaeth o ardaloedd, yn Gymry Cymraeg, a'r straeon a'r chwedle i gyd ar 'u cof nhw.

A wi'n cofio mynd i'r hen gantîn i wrando ar rai yn dweud 'u profiade a'u chwedle. Mi fydden nhw'n sôn llawer am y cyfnod pan o'n nhw'n ifanc, a ro'dd un ohonyn nhw nawr yn sôn am yr adeg pan o'dd taniard -y lle ble o'n nhw'n gwneud lleder- ym mhob pentre.

Fe drigodd rhyw lo bach gyda rhyw ffarmwr, ac fe flingodd y ffarmwr y llo bach, a mynd ag e, yn ôl yr arfer, i'r taniard.

"Wel bachgen, mae'n rhy fach achan!" medde dyn y taniard pan welodd e'r croen.

"A 'na beth od," medde'r ffarmwr, "-o'dd e'n ffito'n nêt am y llo hefyd."

****

Ro'n nhw'n dod o bob rhan o Gymru i'r hen waith 'ma, a phan fydden nhw'n ifanc ac yn gwitho ar y ffarm, un diwrnod o ryddid y cethen nhw yn y flwyddyn. A'r peth arferol fydde mynd i'r ffair, a'r adeg honno, mi fydden nhw'n gwerthu byns, cacene a chawl yn y ffair. A bydde'r boi hyn yn mynd â'i wedjen i'r ffair a dweud wrth yr hen groten, "Byt!" a honno'n byta'r cêcs a'r byns 'ma -deuddeg bynen am ginog. Dyna beth o'dd hei leiff yntefe -deuddeg bynen am ginog. A'r boi yn dod lan at y stondin cawl, a'r cawl yn ddime'r platad. "Byt bant ar y cawl!" medde'r boi, "-beth yw cost lle mae cariad?" A chinog a dime o'dd y cwbwl yn costio.

************.

A ro'dd un o'r bois, medde fe, yn cofio'r beinder cynta ddaeth i'w ardal e. A nawr ro'dd e'n beth anhygoel i feddwl y galle beinder wneud gwaith cryman. A ro'dd y beinder fod i fynd mas am naw o'r gloch bore dydd Llun, a phan ddaeth yr awr fawr, ro'dd y cymdogion i gyd wedi dod mas -o'dd y cloddie'n ddu o bobol. Ro'dd cymdogion pell ac agos wedi dod i weld y peiriant mawr: cannoedd ohonyn nhw, ac i gyd yn rhyfeddu at y peiriant wrth feddwl y galle fe wneud gwaith mor fawr mor rhwydd. A mi ddaeth y beinder mas am naw. Ond wir i chi, daeth hanner awr wedi naw, a'r beinder yn mynd rownd y câ -ond dim yn digwydd. Deg o'r gloch, a'r beinder yn dal i fynd o amglych y cae. Dim byd yn cymeryd lle. Hanner awr wedi deg, y beinder yn dal i fynd o amglych y cae, ond dim byd yn dod allan. Unarddeg -y bobol yn diflasu tipyn ac yn meddwl nad o'dd dim yn mynd i ddigwydd. Ac o'n nhw'n dal i edrych ar y beinder yn mynd o amgylch y cae. Ond hanner awr wedi unarddeg, a dyma un ysgub mas. Wel, o'dd pawb â'u llyged ar agor.

Ond hyn oedd y ffaith yntefe. O'dd ryfedd yn y byd fod y beinder wedi treulio yr holl amser yn mynd o amgylch y cae -do'dd 'na ddim crop i gâl 'na. Do'dd ryfedd yn y byd fod yr hen bobol yn gallu torri'r llafur gyda chryman -do'dd 'na ddim crop i gâl 'na yntefe. A rhyw straeon felna y clywes i yr adeg honno gyda'r hen bobol.

****

Yr adeg honno, chwedl yr hen fois 'ma, ro'dd y beinder yn dod o'r ffyrm fawr mewn bocsus. Ro'n nhw wedi'u pacio i fyny pan gyrhaedden nhw'r ffarm, a bydde'r ffityr-yp yn dod i'r ffarm i'w rhoi nhw wrth 'i gilydd rai wythnose ar ôl hynny. Ond o'dd 'na rhyw feinder wedi dod i ryw ffarm yn ymyl, ac o'dd y ffarmwr yn teimlo 'i fod e'n dipyn bach o beiriannydd, ac fe âth e ynghŷd â rhoi'r beinder wrth 'i gilydd. A ro'dd e nawr wedi câl y cyfan wrth 'i gilydd ac yn barod i fynd i'r cae i dorri'r llafur, ond o'dd un part bach o'r beinder ar ôl, a do'dd dim syniad gydag e beth alle fe fod. Rhywbeth tebyg i ryw botel fain, hir o'dd e. Ond ro'dd ofan arno fe dorri'r llafur gyda'r beinder rhag ofan y bydde'r beinder yn câl cam. O'r diwedd, fe ddaeth y peiriannydd mowr 'ma, y ffityr-yp, i roi'r peiriant wrth 'i gilydd. Er mawr syndod, o'dd y beinder yn barod. Ro'dd y gwaith mawr wedi'i wneud. A nawr dyma'r ffarmwr yn gofyn i'r ffityr-yp beth alle y part hynny fod -o'dd ofan arno fe fynd â'r beinder mas fel 'tae. Ond medde'r boi pwysig fod y cwbwl yn iawn: y whip-socket o'dd y darn main 'na -y lle i ddala'r whip. Ceffyle, y'ch chi'n gweld, o'dd yn tynnu'r beinder yr adeg honno. Wel o'dd hwnna'n teimlo'n od, on'dodd e?

****

Rwy'n cofio un cymeriad yn sôn am dro rhyfedd iawn gafodd e. Ro'dd e wedi mynd i Lawaden i brynu moto beic. Fe brynodd e un, ac ar y ffordd nôl adre, yng Nghlunderwen, mi welodd e dyrfa o bobol yn y cae fan'ny. A'th e mewn i'r cae, a beth o'dd mlân ond rasus ceffyle. Ac o'dd râs ar gychwyn, ac o'n nhw'n brin o joci. O'dd rhywbeth wedi digwydd i'r joci o'dd fod reido'r poni bach 'ma. Wel fe welodd y dyn o'dd yng ngofal y râs ddefnydd joci yn y cymeriad 'ma, ac fe ofynnodd e iddo fe reidio'r poni bach 'ma. Fuodd e eriôd ar gefen poni o'r blân, ond meddyliodd e y galle fe reidio'r poni bach hyn, oherwydd o'dd e'n un boliog iawn. O'dd bola mawr 'da'r poni bach: ro'dd e'n edrych yn rhy stiff ac yn rhy dew i fynd yn gyflym iawn, a dyma'r boi 'ma ar gefen y poni. Dyma ergyd y gwn, a dyma'r poni bach yn carlamu mâs ar y blân. Edrychodd y boi nôl: ro'dd y ponis erill nôl fan draw rhywle. A'th e o amgylch y cae un waith, ddwywaith, a'r trydydd tro rownd y cwrs, mi welodd e'r winning-post fan draw. Ma'r poni bach yn mynd i ennill, meddyliodd e. Ro'dd e'n gwneud campwaith. Ro'dd e wedi colli gafel yn yr awenne, ac yn dal yn sownd wrth y mwng. Ond cyn 'i fod e'n bennu meddwl yn iawn, dyma'r poni bach â'i dîn dros 'i ben. Daeth 'na ebol bach. Cododd ar 'i drâd. A'th y poni mewn yng nghynta, yr ebol bach yn ail, a'r boi i fewn yn drydydd. A dyna fe wedi ennill arian go lew am y dydd yntefe.

****

Meddyliwch chi nawr am yr hen gi. Nawr mae e'n mynd ar 'i daith, a mae e'n whilibawan, a mae e'n codi'i goes dros y wal cyn pisho yntefe. Wel nawr -pam myntech chi fod y ci yn codi'i gôs dros y wal. Wel hyn yw'r ffaith. Y ci cynta bishodd eriôd dros y wal, y'ch chi'n gweld -'chododd e mo'i gôs ar 'i thraws hi, a gwmpodd y wal ar 'i ben e. A byth ar ôl hynny, mae e'n codi'i gôs dros y wal i desto'r wal, i weld a odyw e'n saff ac yn sown iddo fe bisho yn 'i herbyn hi. -Rhywbeth arall a glywais yn Nhre Cŵn. Hah!

****

Wel meddyliwch chi nawr -dyma beth arall- ma bogel gyda dyn i gal. Dyw e dda i ddim i neb, allech chi feddwl. Ond dyma eto, y ffaith. Pan greodd Duw

y byd, pobydd o'dd e, ac o'dd 'da fe ffwrn fawr. Ro'dd dynion yn y ffwrn, ac o'dd e'n 'u crasu nhw. A bob dyn o'dd yn dod mas o'r ffwrn, o'dd Duw'n rhoi 'i fys ar 'i fol e, i gâl gweld a o'dd e'n barod. A dyna beth yw bogel -ôl bys Duw. A'r sawl sy heb fogel, dyw e heb 'i grasu'n iawn. Ma' dyn yn gwbod am y pethe mowr, y'ch chi'n gweld, ond dyw e ddim yn siwr am y pethe bach. A mae è'n bwysig ein bod ni'n gwbod am y pethe bach yn ogystal on'dyw e. Fel y dywedodd rhywun yn Saesneg, "Trifles make perfection, but perfection isn't trifle." Wel y ffordd y bydden i'n hunan yn 'i ddweud e'n Gymraeg fydde,
A rhyw bethe bach felna, mynte ni, sydd yn gwneud perffeithrwydd, ond nid peth bach yw perffeithrwydd.

****

Dyma stori a glywes i am ryw gyfaill a o'dd wedi mynd mas i Affrica. Wedi crwydro tipyn o Affrica, dyma rhyw lewes yn dod ar 'i draws e -llewes fawr gynddeiriog. A ro'dd hi am 'i waed e. Ac fe feddyliodd y cyfell, Ma'n rhaid i fi roi trâd yn y tir, a dyma fe'n rhedeg am 'i fywyd, a'r llewes 'ma'n dynn am 'i sodle fe. A beth ddaeth y cyfell ar 'i draws e, ond stwmpyn coeden. A dyma fe'n mynd lan i ben y goeden 'ma, a phan gyrhaeddodd e'r top, fe welodd fod y pren yn gau -fod 'na dwll ynddo fe. Ac fe feddyliodd e, Wel dyma le braf i fi guddio rhag yr hen lewes 'ma. A dyma fe lawr i'r gwaelod. Ond wedi cyrraedd gwaelod y bonyn pren, beth o'dd fan'ny ond tri llew bach. A chyn iddo fe ddechre meddwl, dyma fe'n gweld y llewes yn edrych lawr arno fe o ben y bonyn. Wel dyma'i diwedd hi, medde fe.

Fe gofiodd yn ddisymwth fod y llewod yn perthyn i deulu'r cathod, ac o'dd e wedi sylwi fod pob cath, pan 'i bod hi'n dod lawr o ben pren, yn dod lawr â'i phenôl yn gynta. Disgynnodd y llewes, a dyma fe gyda'i ddwrn e fanna, a rhoi ergyd i'r llewes yn 'i phenôl, nes bod yr hen lewes yn gwichal ac yn ochain. Ro'dd e wedi rhoi ergyd gas iddi: ro'dd e wedi pinsho'r hen lewes. A dyma'r llewes yn rhedeg i ffwrdd oddi wrtho fe.

Wel dyna fe wedi achub 'i fywyd am y tro. Ro'dd e wedi dod mas o'r trwbwl yna. A dyma fe nawr yn teimlo'n hapus iawn, ac yn teimlo fod bywyd yn werth 'i fyw. Ac wedi crwydro rhagor o anialwch Affrica, beth welodd e fan'ny ond haid o geffyle gwyllt. A dyma'r ceffyle gwyllt yn câl 'i ofan e, ac yn rhedeg i ffwrdd i gyd -ond un. Ro'dd y ceffyl gwyllt yma'n methu'n lân â symud. A'r hyn o'dd wedi digwydd iddo fe o'dd 'i fod e wedi torri asgwrn 'i gefen. Wel nawr, ro'dd y boi 'ma wedi câl achub 'i fywyd, a ro'dd e'n meddwl mai peth doeth a pheth iawn yn enw cariad fydde trio gwneud tamed bach o ymgeledd i'r ceffyl gwyllt 'ma. A fe dorrodd e ryw bambŵ bant o ryw goed a oedd yn ymyl. Ro'dd cyllell yn 'i boced e, ac fe dorrodd 'i blân hi bant, ac fe hwpodd y bambŵ 'ma i benôl y ceffyl. A dyma'r hen geffyl gwyllt nawr wedi câl 'i fendio. Teimlo o'r newydd gyda'r asgwrn cefen newydd. A ro'dd y cyfaill yn teimlo'n hapus iawn hefyd am 'i fod e'n awr wedi talu'n ôl yn ardderchog, ac wedi gwneud trugaredd gyda'r ceffyl gwyllt.

Wel fe gerddodd am filltirodd, fe gerddodd am flynyddodd yn anialwch Affrica. Ac yn rhyfedd iawn, mewn rhyw dair blynedd, fe ddaeth e'n ôl i'r un man yn gywir ag y gadawodd e'r ceffyl gwyllt. A hyn o'dd yn ddiflas yntefe. Ro'dd coeden fawr wedi tyfu mas o benôl y ceffyl, a'r ceffyl heb symud o'r fan. A dyna brofiad y cyfell yn Affrica yntefe. A rhyw bethe bach felna sy'n ein gogles ni fel 'tae.

****

Wel ro'n i'n câl hwyl gyda'r cymeriade yn Nhre Cŵn. Mi fydde 'na ryw hen gymeriade tebyg i Ianto, a fydde'n dod yn nes at ben 'i dalar. Er iddo fe groesi'r trigen oed, a nesáu at oedran yr addewid, fe wedodd y National Service Officer wrtho fe am fynd i Dre Cŵn i weithio. A'r lle y bydde Ianto'n hoffi bod -rhyw hen gymeriad felna o'dd e -fydde tua'r lle bwyd, lle bydde fe'n pilo esgyrn a chrafu'r ffwrn reis, a thrio câl y gore mas o waelodion y ffwrn.

Un bore, fe ddaeth Ianto ata i a dweud wrtho i fod gydag e waith arbennig iawn y dwarnod 'ny. O'dd codi'n fore i fod, oherwydd o'dd 'na llond lori fawr o sosejes yn cyrraedd. Daeth y lori tua wyth o'r gloch gyda rhyw wyth tunnell o sosejes. Meddyliwch am wyth tunnell o sosejes. Dyma dipo'r wyth tunnell 'ma yn nrws cefen y tŷ bwyd, a fanna y buodd pawb am ddiwrnod cyfan yn gwneud dim ond whilbero'r sosejes mewn i'r tŷ. Meddyliwch am y peth. O'dd rhaid câl lle fel Tre Cŵn cyn bod y fath olygfa yn bosibl. A welwn ni byth mo'r olygfa 'na eto. A rhyw ddigwyddiade bach felna sy'n dod nôl i gof dyn yntefe.

****

Pan o'n i'n gweithio yn Nhrecŵn, ro'n i'n gweld y bechgyn yn cael 'u galw lan i'r Armi. Ro'dd rhywun yn cael 'i alw bob dydd, a gorfod gadael y gwaith a mynd i'r Armi. Do'n i heb gofrestru i fynd i'r Armi y pryd hynny, ond o'n i'n gweld yr adeg yn neshau. Ac mi ofynnes i am fy nghardie, i gael mynd oddi yno, ond ro'dd yr awdurdode yn gwrthod. Ac mi ofynnes i amdanyn nhw yr ail waith.

Am hanner dydd y bore Llun arbennig yma, mi es i a 'nghyfell o Lanelli lan i gâl cinio, a gadael y bag offer yn y gwaith. Ond yn lle mynd nôl ar ôl cinio, fe arhoson ni yn yr hen gantîn, a mwynhau'r prynhawn. Am bump o'r gloch, es i nôl i moen y bag offer, ond pwy o'dd fanna yn fy nisgwyl i ond y Jeneral Fforman. Rhyw hen Sais o'dd e, ac fe ofynnodd i fi ble o'n i wedi bod. "I've been in bed," myntwn i, "becos of the chilly weddyr." Fe weithiodd y peth yn iawn, a'i ateb e o'dd, "Go down the office and see Mr Bottle and have your cards!" Fe es i lawr i weld Mr Bottle -rhyw globyn o Sais arall- ac fe wedodd hwnnw wrtho i am alw yn y bore. O'dd e'n rhyw ddiweddar i ddod â 'nghardie i lan.

Es i lawr 'no bore trannoeth, ac fe ges i'r cardie gan Mr Bottle. A ro'dd tipyn bach o arian yn dod i fi, ond fe ffoniodd Mr Bottle y cantîn a holi a o'n i mewn dyled am lety yn y lle. Bues i yn Nhre Cŵn am rai wythnose heb dalu am y llety am 'y mod i'n disgwyl rhyw sybsistens gan y Lebyr Ecs-shenj. O'dd arna i ryw ugain punt, ac fe ges i 'nghardie, ond dim ceiniog o gyflog.

Wel, ro'dd 'da fi filltiroedd i fynd nôl i Fanc Sion Cwilt. Do'dd 'da fi ddim i' w wneud ond rhoi'r bag offer ar 'y nghefen a'i heglan hi drwy Abergwaun a lan trwy Aberteifi. Cyrhaeddais adre cyn nos, ond ro'dd pawb yn ofan rhoi lifft i fi gan feddwl mai rhyw grwydryn o'n i. A felna y ces i 'mhen yn rhydd yntefe.

Es i wedyn i weithio ar y coed, a bues i am ryw ddeunaw mis yn cwympo coed, gan weithio am ddwy bunt a phymtheg swllt yr wythnos. Ac efalle mai dyna pam 'mod i'n ymhel â choed o hyd, nad sydd yn rhan o waith sâr yn uniongyrchol. Dwy'n prynu coed ar 'u trâd, 'u halio nhw nôl adre i'r tipyn felin lif 'ma, a châl y gore allan ohonyn nhw. Gwneud y gore o'r pren pryd o'n i'n gweithio am y nesa peth i ddim, a rhywun arall yn gwneud y gore ar 'y nhraul i yr un pryd yntefe. Walle bod hwnnw'n rhywbeth sydd yn peri i fi ymhel â gwaith caled, wa'th gwaith caled yw cwmpo coed a châl y gore eitha mas ohonyn nhw.

****

Y bore cynta pan es i i Maesycrugie i weithio ar y coed, fe weles i rhyw ddyn ar gefen caseg fan'ny. Ro'dd top côt fain arno fe, a grân iach bochgoch pert arno fe. Ac fe wedes i wrth 'y nhunan, wel dyma Syr John. Ond o dipyn i beth fe ddes i i nabod y cyfell. Un o adar y fro o'dd e -Dai. A Dai yn dweud fan'na -o'n i'n ifanc iawn y pryd hynny- "Fe yfes i ddeg peint neithiwr."

Wel, o'n i'n edmygu'r dyn, 'i fod e wedi yfed deg peint. A dyma fi'n dweud wrth Ianto ar y ffordd adre, wrth alw i gâl bobi beint, "Os ma Dai yn gallu yfed deg peint, wel wir wi'n gallu yfed dou." A felny buodd hi.

Ac fe weles i Dai drannoeth, ac fe wedodd e, "Fe yfes i ddeuddeg peint neithiwr." Je, meddylies i, ma'r dyn yn ddyn galluog -chwarae teg iddo fe gyda'r holl gwrw. Ro'dd Ianto a finne yn galw bob nos i gâl bobi beint, ac fe wedes i wrth Ianto y noson honno, "Os ma Dai yn gallu yfed deuddeg peint, wel wi'n gallu yfed pedwar." Ac o dipyn i beth, fe gyrhaeddes i'r nod o yfed pedwar peint ar ddeg.

Wel nawr o'n i wedi yfed cyment arall ag o'dd Dai wedi yfed mewn wthnos. Dim ond mater o weud o'dd 'da Dai -ffordd gyfrwys i dwyllo crwt i yfed cwrw. A dyna sut y dechreuodd dylanwad Syr John Buckley ar fy mywyd i, yntefe. Ond ro'dd Dai yn hala dyn i feddwl am y pennill bach hyfryd 'ny:

"Pan welodd llymeitiwr hi'n bwrw,
Ac ynte ynghanol y twrw,
'Na biti, medd ef, â'i wep tua'r nef,
Na fydde'r glaw yma yn gwrw!"

****

Pan o'n i'n gweithio ar y coed, ro'dd gen i hen deimlad rhyfedd iawn tuag at rhyw hen Sais bras o'dd yn y cylch. O'dd 'y ngwrychyn i'n codi bob tro o'n i'n 'i weld e. Da'th e lawr un prynhawn ar y lori i moen coed o Aberystwyth. Ro'n i'n llusgo coed mas ym mynachty Pennant, a dyna i gyd o'dd gwaith y Sais urddasol hyn o'dd bod yn fêt ar y lori. Ro'dd e fod i witho, wrth gwrs, ond ro'dd britsh neis glân a chot nefi blŵ amdano fe. Ro'dd e'n amlwg nad o'dd e ddim fod i ddwyno 'i hunan. Ro'n i at 'y mhenglinie yn y pwdel yn trafod yr hen goed 'ma i fewn i'r lori. Ro'dd yr hen Sais fan'ny yn ymyl y pren 'ma, ac fe lithrodd y pren o'n nwylo i, a disgynnodd i'r pwdel, ac fe âth y pwdel yn gyfangwbwl ar draws y Sais 'ma.

Wel o'n i'n chwerthin nes o'n i'n wan, i weld y Sais bras yn blastar o bwdel. A o'dd e'n gynddeiriog. Wel, fe ddechreuodd fynd mewn i'r pwdel ata i -je, o'n i'n chwerthin am 'i ben e- ond ro'dd e'n ormod o ŵr bonheddig i fynd trwy'r pwdel. A dyna fe, fe ddes i'n rhydd o hwnnw heb gael crosfa yntefe. Ond o'n i'n gofalu 'mod i'n cadw'n ddigon pell oddi wrtho fe: o'n i'n gofalu 'mod i yn y pwdel o hyd. Ac fe symudon ni o'r allt honno i allt arall yn Llanfair yn ymyl Llambed.

Un tro pan o'dd baco'n brin, o'n i wedi prynu owns o faco am swllt. Ro'n i wedi prynu'r baco i ryw gyfaill -do'n i ddim yn smocio ar y pryd. Weles i'r Sais anioddefol 'ma, ac fe ofynnodd e i fi faint o'n i'n moen am y baco, ac fe wedes i -whechinog. Nawr do'dd dim bwriad gen i i werthu'r baco i'r Sais am whechinog, a minne wedi talu swllt amdani. Tynnu côs yr hen Sais o'n i'n 'i wneud nawr: gwneud iddo fe deimlo'n wan eto. Ac fe wrthodes i'r owns o faco iddo fe, ac fe gododd natur yr hen Sais.

O'n i ar dir caled, sych y bore hwnnw, a dyma'r Sais yn dod mlân i roi crosfa i fi. Ond iach yw pen cachgi, dyma fi'n rhoi trâd yn y tir, a rhedeg lawr i waelod y cae, a'r Sais wrth 'y nghwt i -yr hen ŵr bonheddig mawr 'ma gyda'r britsh a'r got nefi blŵ. Nawr, yng ngwaelod yr ail gae, ro'dd yr Afon Teifi. Wel, nawr, dau ddewis o'dd gen i: crosfa, neu neidio i'r afon Teifi. Fe neidies i'r Afon Teifi, ond fel o'dd hi'n digwydd bod, ro'dd 'na ryd 'na. Eto i gyd, ro'n i lan i 'nghanol yn y dŵr wrth groesi'r afon. A 'ddâth y Sais ddim ar 'yn ôl i. Ond ffiles i fagu nerth i fynd nôl trwy'r Teifi, a ro'dd yn rhaid i fi rowndio dwy filltir, ac erbyn i fi ddod nôl, o'dd y Sais wedi mynd.

Ymhen rhyw fis, mi weles i'r hen Sais unwaith eto, ond y tro hwn o dan amgylchiadau tipyn mwy ffafriol. Ro'n i wedi bod yn llusgo coeden dderi mas, ac yn y goeden dderi 'ma, ro'dd 'na haid o wenyn. Ro'dd hi'n ddiwrnod teg, a dyma'r haid gwenyn mas i gyd, a'u trichwarter nhw'n disgyn ar y Sais. A finne'n rhedeg unwaith eto, a chwerthin am ben yr hen greadur, a hwnnw wedi'i bigo adre gyda'r gwenyn. Ro'dd rhyw gnocell-y-coed wedi torri twll yn yr hen goeden dderi, ac yn rhyfedd i chi, ro'dd 'na fêl hyfryd yn y goeden honno, a mi ethon ni â'r mêl at ddyn profiadol mewn gwneud mêl. A ni gath y mêl, a'r Sais gath 'i bigo. Trueni na fyddai pethau felna yn digwydd yn amlach rhyngddon ni â'r Sais yntefe?

****

Cymeriad arbennig iawn o'dd Twm. Ro'dd e'n dod gen i bob bore ar gefen y moto beic pan o'n i'n gweithio yng Nghlwt y Patrwm, Llanfair. Ro'dd hi'n daith bell -i ochor arall Llambed- a ro'dd Twm yn talu coron yr wythnos i fi am 'i gario fe nôl a mlân. Ac er gwaetha'r holl drafaelu, dim ond rhyw ddwy bunt a phymtheg swllt o'n i'n ennill yr wythnos. Ond i ddod nôl at Twm. Ro'dd Twm yn dipyn o rôg. Ro'dd e wedi teithio'n helaeth lan a lawr Cymru, ac yn nabod pawb ym mhob tafarn ym mhob man, a'r holl dafarnwyr. O'dd Twm yn gwbod am bopeth. Ro'dd e'n dipyn o ysgolhaig hefyd, ac yn medru shorthand a Ffrangeg. Ond rôg o'dd Twm.

Am chwarter i wyth un bore dydd Llun ym mis Mehefin 1942, fe alwodd y ddau ohonom, ar y ffordd i'r gwaith, mewn tafarn yn Llanwnnen am bobi bacyn o ffags. Ac fe wedodd Twm, "Beth am bobi beint?" "Iawn," wedes i. Wel, nawr, o'dd gen i rhyw ddeg swllt ar hugain yn 'y mhoced, a wedes i wrth Twm, "Wel y'ch chi moen peint arall, Twm?" "Reito," wedodd Twm. A felny ath y bore hibo. Anghofion ni'r gwaith, ac fe yfon gwrw nes 'i bod hi mlan amser cau yn y prynhawn.

Ond yn y cyfamser, fe wedodd Twm 'tho i, "Dyma wheigen i ti -wi'n dy dalu di mlân nawr am bythefnos." Wel wir, o'dd deg swllt ar hugen yn 'y mhoced i'n barod -dyna i chi ddwybunt i gyd nawr yntefe. Ond yr hyn o'dd ar feddwl Twm o'dd gwneud yn siwr fod gen i ddigon o arian i gario mlân i yfed cwrw am weddill y dydd, a bant yr ethon ni ar ôl amser cau i grwydro tafarne ledled y wlad.

Ac fe gyrhaeddon nôl i Synod Inn y nosweth 'ny tua hanner awr wedi deg. Ro'dd Twm yn canu a phawb yn hapus, ond 'do'dd neb wedi meddwi -o'dd pethe dan control gyda ni. "Hwyl fawr iti nawr Twm," wedes i, " -wela i di bore fory." Mi fydde Twm fel arfer yn ein tŷ ni tua hanner awr wedi chwech y bore -cyn 'y mod i'n codi'n iawn. Ond bore trannoth, do'dd dim sôn am Twm. Da'th hanner awr wedi saith, adeg cychwyn am y gwaith, ond o'n i'n disgwyl o hyd. Arhoses i nes 'i bod hi bron yn wyth o'r gloch, ond yn ofer. Ro'dd rhywbeth rhyfedd wedi digwydd i Twm nawr. Ond eto, ro'dd e wedi 'nhalu i mlân am bythefnos. Wel, es i i'r gwaith. Trannoth, dim sôn eto am Twm.

A weles i mo Twm wedyn am flynyddoedd. Ath rhyw chwe mlynedd heibio cyn i fi 'i weld e. Ro'dd Twm wedi mynd bant ar 'i daith i grwydro rhagor o Gymru.

Mi fydden i'n galw yn yr un dafarn y diwrnode canlynol, a siarad â'r tafarnwr. Ond ymhen rhyw bythefnos, ro'n i'n talu'r tafarnwr 'ma am rywbeth neu'i gilydd -rhyw beint neu bacyn o ffags- a rhoi punt iddo fe, ac fe wedodd y tafarnwr 'tho i, "Bachgen, beth am y wheigen sy arnoch chi i fi?"

"Wel pwy wheigen?" wedes i. "Do's arna i ddim wheigen i chi o gwbwl."

"O -y'ch chi ddim yn gwbod?" wedodd e. "Weda i wrthoch chi nawr. Twm wedodd 'tho i y'ch bod chi moen benthyg wheigen gen i, a'ch bod chi'n rhy shei i ofyn i fi, a'i fod e'n gofyn yn y'ch lle chi."

Wel nawr dyna i chi ffordd gyfrwys Twm o gâl rhagor o arian. Wel wedyn fe roies i'r wheigen i'r tafarnwr, oherwydd 'i arian e o'dd e yntefe. A dyna i chi sut foi o'dd Twm.

****

Adeg y rhyfel, ro'dd pawb yn ymuno â'r Hôm Gards, ac yn y diwedd, buodd raid i fi ymuno. Ond dwy waith y bues i yn yr Hôm Gard tra fues i'n perthyn iddon nhw, a phob tro o'n i'n mynd, o'n i'n gofalu 'i bod hi'n bwrw glaw. A wi'n cofio un Sul arbennig, wedi câl 'u hen ddillad nhw, a rhyw hen drowser o'dd yn ddigon mawr i Garnera, dyma wisgo'r hen bethe i gyd, a gwisgo rhyw hen hat galed ddu yn lle'r cap swyddogol, a o'dd yn rhy fawr i fi. A chyda'r clocs am 'y nhrâd, mewn â fi i'r sied at yr Hôm Gard. A fan'na o'n nhw'n disgrifio shwd o'dd darllen map, ac esbonio beth i'w wneud petai'r gelyn yn goresgyn y lle. A'r adeg honno nawr, pan fydde'r Jyrmans wedi dod, ro'dd e'n bwysig ddychrynllyd nag o'dd dim un dyn gwan ar hyd y lle. A medde'r darlithydd bod rhaid adnabod y dynion gwan 'ma, a dyma fe'n cyfeirio at un math peryglus iawn o ddynion, o'dd rhaid cadw llygad arnyn nhw, sef y Welsh Nationalists (a defnyddio 'i eirie fe). Do'dd dim iws ymddiried dim yn y bobol ofnadwy hyn. Ac wedi iddo fynd trwy 'i araith fawr, dâth adeg gofyn cwestiyne, ac fe godes ar 'y nhrâd.

"Ar ba dir," medden i, "y'ch chi'n dweud fod y cenedlaetholwyr yn mynd i fod mor lletwhith? Rwyf i'n genedlaetholwr, ac yn aelod o Blaid Cymru, a ma'r ffordd y'ch chi'n siarad yn ddigon i anfon bobol fel ni at y gelyn."

A nawr diflasu wnaeth y darlithydd, ac fe ges i lonydd yntefe, a buodd dim un math o orfodeth arna i i fynd yno wedyn.

****

Ar yr un adeg, ro'n i'n mynd o amgylch yr eisteddfode ac ennill ambell i hanner coron am adrodd. Ro'dd 'na eisteddfod yn Cribyn un tro, a ro'dd y boi o'dd yn adrodd o'm mlân i yn wrthwynebydd cydwybodol. A phan ddechreuodd e, dyma'r bechgyn yng nghefen y neuadd yn gweiddi, "Lawr â'r conshi; lawr â'r conshi 'na!" A'r rheini'n ddiogel gartre, â dillad Hôm Gard amdanyn nhw, ac yn filwyr parod, ac yn rhydd. Wel ro'dd hwn wedi profi 'i fod e'n wrthwynebydd cydwybodol. A ro'dd 'na anferth o sŵn yn y neuadd, a'r polis yn methu câl dim un trefen. Ond fe godes i lan ar draws y mwstwr i gyd a waeddes i nes o'dd y lle yn ego.

"Wel os yw'r bachan yn gonshi," wedes i, "mae e wedi profi 'i fod e'n gonshi: ma hwn wedi dweud ac wedi profi 'i fod e'n gonshi, ac nid yn gonshis cachgwn fel chi yn y bac 'na, yn soldiers parod â dillad Hôm Gard arnoch chi, ac yn saff y'ch gwala gartre. Ma hwn yn ddyn teidi, ac wedi profi hynny!"

"Ishte lawr!" wedodd y polis, a chath y bachan gyfle i adrodd.

Wel nawr ro'dd hynny yn y Pasg 1942. A'r mis Awst ar ôl 'ny, ro'n i a Twm 'y nghyfell lawr yn y rasus ceffyle yn Nhalsarn, heb fod yn bell o Cribyn. A ro'n i'n ishte o dan y ffenest yn yr hen dafarn 'na, a Twm 'y nghyfell yn siarad â rhywun o dan y shime lwfer. A dyma rhyw foi mawr yn dod mlân ata i, â dillad Hôm Gard amdano fe, a dweud 'tho i 'i fod e'n mynd i'm mwrw i mas trwy'r ffenest.

"Wel, bachan, hold on," medde fi, "-am beth wyt ti am 'y mwrw i mas trwy'r ffenest?"

"Rwyt ti wedi 'n insylto i," medde'r boi. "Insyltest ti fi yn eisteddfod Cribyn.

"O bachan," wedes i, "wyt ti moen ymladd?" Wel o'n i'n gwbod nawr 'mod i ar dir diogel, oherwydd o'dd Twm 'y nghyfell yn baffiwr: gartre ar lîf o'r Armi o'dd e. "Os wyt ti moen ymladd, paid ymladd mewn fan hyn. 'Sdim iws inni fwrw 'n gilydd mas trwy'r ffenest. Dere ti mas i'r cefen." A mas â ni i'r cefen, ac erbyn hynny, ro'dd Twm wedi sylweddoli fod 'na ffrwgwd mlân, a'r hen foi mawr yn bwrw 'i got lawr. A nawr ro'dd 'na hen bair dŵr fan'ny o dan y ffenest, a'i lond e o ddŵr, a nawr pan o'dd y boi yn mynd i'm mwrw i, dyma Twm hibo i fi, a rhoi pelten iddo fe o dan 'i ên nes 'i fod e yn y pair dŵr, a'r calch a'r cwbwl am 'i ben e. A dyna ddiwedd ar hwnnw am y tro.

Ond nid dyna ddiwedd y stori. Y gwanwyn ar ôl hynny, o'n i lan yn Felinfach yn rali'r Ffermwyr Ifainc 'na, a digwydd mynd mewn i hen dafarn fan'ny. Ro'dd Twm nawr yn Ffrainc, a ro'n i wedi mynd lan yn hunan ar gefen beic. A nawr ro'dd y peint gen i ar y cownter fan'ny, ac es i i siarad gyda'r bobol yn y dafarn. Ro'dd y dafarn yn orlawn, a dyma ddechre siarad am genedlaetholdeb. (Mi ges i lawer i grosfa yr adeg honno, gyda llaw, am siarad am genedlaetholdeb: ro'dd bod yn genedlaetholwr yn dipyn o faich ar ddyn y dyddie hynny, yn arbennig ar adeg y rhyfel.) Ac es i i moen 'y mheint. O'dd e wedi mynd. Wel meddylies i fod rhywun wedi gwneud camgymeriad, ac fe es i i nôl un arall. Siarad eto. Yn sydyn, gweld fod hwnna wedi mynd. Wel, dyna fe. Ces i'r trydydd peint. Hwnnw wedi mynd. Wel o'n i'n meddwl fod rhywbeth rhyfedd yn bod nawr. Ces i'r pedwerydd peint, a chael dracht o hwnnw. Erbyn hynny, ro'dd yr un boi mawr a o'dd wedi bod wrth 'y ngholer i yn eisteddfod Talsarn y mis Awst cyn hynny yn dod mlân ata i. Wel ro'dd e'n gweld 'i gyfle nawr i roi crosfa i fi. Yfes i ddracht o beint, a fe es mas i'r cefen, a thrwy'r ardd, ac am 'y meic, gatre, a iach yw pen cachgi, ac fe achubes 'y nghroen y diwrnod 'ny. A ro'dd y trwbwl 'na i gyd wedi digwydd o achos 'mod i wedi amddiffyn y gwrthwynebydd cydwybodol yn eisteddfod Cribyn Pasg y flwyddyn cyn hynny.

Dyma hanes y tro cynta ces i'n ffeino, a dechrau ar fy nghysylltiad maith gyda'r Heddlu Ymerodrol. Ro'n i wedi mynd â chyfell i fi ar y moto beic lan i Llanarth ar ryw fusnes neu'i gilydd. Do'dd dim gole ar y beic -ro'dd y bylb wedi ffiwso. Wedi galw yn nhafarn Penbont, a dechrau gyrru am adre, dyma'r polis yn fy stopo i. Ond arhoses i ddim. Er nad o'dd dim gole ar y moto beic, o'dd rhaid mynd trwyddo. Ond fe ddath y polis i wybod pwy o'n i. A nawr dyma fi'n mynd i'r llys yn Aberaeron -y tro cynta i fi fod mewn llys. Ro'dd 'na dair gwŷs, un am ballu aros, un am fod heb ole, a'r llall am "dangerous driving" Ro'n i'n berygl yn yr ardal -yn ddyn peryglus.

Ro'dd gan y polis wrth gwrs 'u tystion. O'dd rhyw hen gapten yn tano matshus ar waelod y ffordd, a minne'n mynd ffwl spîd -ro'dd hwnnw lan gyda nhw. A ro'dd dau gyfell yn mynd lan wedyn yn dyst 'u bod nhw wedi 'ngweld i y nosweth 'ny. A dyma'r dadlau'n dechre. Yn y cyfnod 'ny, ro'dd dyn yn gorfod siarad yn huawdl -do'dd neb yn gweud wrth ddyn i ishte lawr. A finne'n trio amddiffyn 'y nhunan.

Dyma gadeirydd y fainc nawr yn gofyn, "Y'ch chi'n briod?"

"Na, 'dwy ddim yn briod," wedes i. "A ma rhyw hen rigwm yn dod i 'ngho i:

Rwy'n fachan rhydd, a saif fy ngwên
Fan hyn am byth, heb fynd yn hen;
Rwy'n cael y gwely bach i gyd
I estyn arno ar fy hyd
Ac nid oes sgrech yr un John bach
Yn torri ar fy heddwch iach."

A'r llys yn chwerthin nes 'u bod nhw'n wan i gyd. A dyma rhyw bolis ar 'i drad, a dweud 'mod i'n gwneud can milltir yr awr.

"'Sen i'n gwneud can milltir yr awr, 'sen i'n hedfan i Jerico," wedes i. A chwerthin eto, a'r dyn yn gweiddi, "Order in the court!" a'r cwbwl yn mynd mlân yn braf.

A dyma gadeirydd y fainc yn dod mas yn y diwedd, ar ôl cymryd amser maith i benderfynu, i roi'r ddedfryd. "We'll fine this chap two pounds for each offence, and fifteen shillings costs. The offence was very serious," -â whistl bach yn 'i lais e. Fe garies i ar un o'r gwysion: ro'dd y ddau o'dd yn dyst i'r polis wedi troi gen i yn erbyn y polis. A dyna'r tro cynta i fi fod yn y cwrt bach i weld y pethe.

****

Ro'n i'n gyfarwydd â Dewi Emrys yn y cyfnod yma, a ro'dd e'n hanu o ardal cyfagos. A 'wna i byth anghofio cymryd rhan yn 'i ddrama e, Y Corff. Fe a ysgrifennodd y ddrama 'ma, a ro'dd e'n uchelgeisiol iawn ynglŷn â hi. Ro'dd hi i fod 'i châl 'i pherfformio yn y Brangwyn Hôl yn Abertawe. A nawr ro'dd e'n câl actorion mawr cyn mynd i le mor fawr â hynny, a mi ro'dd rhai o oreuon Sir Aberteifi yn cymryd rhan. Ro'n i wedi câl rhan rhyw ddyn dwl yn y ddrama.

A nawr ro'dd un olygfa yn y ddrama 'ma mewn bar mewn tafarn ac wrth gwrs, ro'dd 'na yfed cwrw. A nawr o'dd Dewi Emrys yn pwysleisio bod yr hen gwmnïe dramau 'ma yng Nghymru bob amser yn defnyddio dŵr a lliw pan fydde angen cal cwrw ar y llwyfan. "Ond ma Dewi Emrys," medde fe, "bob amser yn gofalu câl y cwrw iawn -y bityr êl." Ro'n ni'n cwrdd bob nos Sul, ond ro'dd Dewi Emrys bob tro yn cymryd gofal mawr mai'r bityr êl fyddai'n llifo yn 'i rihyrsals, ac nid dŵr a lliw.

A nawr, un tro, ro'dd Dewi Emrys wedi arllwys cwrw i bawb ond fi -ro'dd prinder cwpane 'na. "Ha Ha!" medde Dewi Emrys wrth gerdded rownd y gegin yn flas i gyd yn chwilio am gwpan, a chas e afael mewn rhyw hen gwpan â'i lond e o ryw hen de a rhyw hen lâth wedi suro. Fe dowlodd yr hen afiechyd 'ma y tu ôl i'r lle tân, a dyma fe'n arllwys y bityr êl i fi. A wyddech chi -bues i am flynydde yn methu cyffwrdd â bityr êl. Ro'dd e wedi troi arna i, o'i gâl e o'r cwpa afiach 'ma. Ond ta beth, ddaeth y ddrama 'ma ddim i ben. Ro'dd prinder petrol, a ro'dd yr actorion mawr yn methu dod ynghyd. Ond mi ro'dd hi'n ddrama neilltuol.

****

Ro'dd Dewi Emrys yn arfer pwysleisio yn un o'i ddarlithie mai gwddw hir, fel jiraff, a ddylai fod gan ddyn. Ro'dd gwddw presennol dyn llawer yn rhy fyr i fwynhau cwrw'n iawn: ro'dd e'n mynd lawr ar unweth, heb roi cyfle i ddyn i oedi'n braf uwch blas y bityr êl. Do'dd cwrw ddim gwerth yr arian heddi. Ond pe na bai modd câl cwrw ond ar fargod y tai, mi fydde dyn, yn ôl deddfe natur, yn siwr o ddatblygu gyddfe hir ymhen amser. Mi fase dynion gyda gyddfe byrion yn methu byw: bydde rhaid tyfu gyddfe fel jiraff i ateb anghenion y corff. A phawb wedyn yn gallu codi peint yn hyderus, a theimlo 'i fod e'n câl gwerth 'i arian. A rhyw syniade felna o'dd gyda Dewi Emrys.

Un o storïe Dewi Emrys sy wedi 'ngogles i'n ofnadw, ac yr ydw i wedi câl llawer iawn o hwyl o'i hail-adrodd hi o bryd i'w gilydd, yw honno am y Sais o ficer 'ma a ddysgodd Gymraeg -Ficer Penstwffwl, chwedl Idwal Jones. Ro'dd y ficer 'ma'n gallu siarad Cymraeg yn dda iawn, ond do'dd e ddim yn deall rhyw lawer o Gymrag, ac yn gap ar y cyfan, o'dd e'n drwm 'i glyw. Ro'dd hyn yn gwneud pethe llawer iawn yn fwy anodd iddo fe. A nawr ro'dd y ficer ishe gwerthu llyfre canu -llyfre emyne. Ac fe wedodd e fel hyn wrth y cyhoeddwr: "Nawr pan fyddi ti codi lan dydd Sul nesa i cyhoeddi, bydda inne'n codi lan straight away ar dy ôl di i advertizo y llyfre canu 'ma."

A nawr y Sul canlynol, cododd y cyhoeddwr lan i gyhoeddi bedydd, a medde fe, "Y Sul nesa 'ma, gyfeillion, fe fydd 'na fedydd -hynny yw, fe fydd 'na fabi bach yn cal 'i fedyddio." A meddyliodd y ficer 'ma, y'ch chi'n gweld, 'i fod e'n sôn am y llyfre canu, a dyma'r ficer ar 'i drâd ar un waith.

"Ie cyfeillion," medde'r ficer, "Rhaid i ti gâl un bach o'r rhain ar un waith. Lot o ti merched wedi câl un bach o'r rhain a lot o ti heb câl un bach o'r rhain. Ond gelli ti câl un bach o'r rhain yn y siop rownd y corner fan'na am hanner coron, a bydd yr un hanner coron 'ma â cefen coch gyda hi, ac os wyt ti'n leico, all ti câl un tamed bach yn shepach na honna. All ti câl un bach am y deunaw 'ma, a bydd yr un deunaw 'ma wedi'i rwymo mewn cron llo. A tithe'r hen menwod draw fan'na, paid tithe â chwerthin -galle tithe câl un bach o'r rhain gyda special effort."

****

Ond nôl â ni i fyd ffaith, i adeg y rhyfel a galwade Byddin Lloeger. Un bore Llun ym Mehefin 1941, gadewes cartre gyda 'mrawd yng nghyfreth, a mynd i Abertawe i whilo lle i fynd i'r môr. Cyrraedd Abertawe gyda'r nos, a whilo lle i gysgu, a ffindio lle gyda "Good Beds" yn fawr y tu fas i'r tŷ. Ro'dd rhyw bymtheg ohonon ni'n aros yn y llety 'ma, a'r fenyw yn dod â bwced enamel gwyn i fi, a gweud 'tho i i ofalu na bishen i yn y gwely. Arhoson ni fan'na am wthnos, a dim ond cwrw a phorc peis cethon ni trwy gydol yr amser. Ond nawr fe gath 'y mrawd yng nghyfreth, a llawer iawn o'i ffrindie, waith ar y llong hyn, ond, rhywffordd neu'i gilydd, ro'n nhw'n 'y ngwrthod i. Do'n i ddim wedi bod ar y môr o gwbwl. Ond o'n i'n benderfynol nawr -ro'dd rhaid mynd i'r môr costied a gostio, ac un noson, dyma ffindo'n ffordd mewn i'r llong fel stowaway. Ro'n i lawr yng nghrombil y llong heb ganiatad yr awdurdode.

Ond prynhawn trannoth, dâth 'y mrawd yng nghyfreth lawr ata i a dweud fod y llong wedi mynd i'r drei doc, ac nad o'dd dim pwynt i fi aros yno. O'dd 'na rywbeth wedi digwydd yn y cyfamser. Ond os ces i fynd mewn i'r llong yn rhwydd, ro'dd 'na drafferth i fynd mas, ac i egluro beth o'dd 'y musnes i. Ac wedyn mynd adre yn hollol ddiflas, a'r bechgyn yn câl mynd ar y llong eto mewn pythefnos. Ond eto ro'dd Ffawd gen i. Mae'n dda nad es i ddim arni. Cas y llong 'i chwythu lan ym Môr y Canoldir, a'r bechgyn a'r criw am bythefnos mewn cwch ar y môr agored. Y bechgyn bron â boddi, a minne'n iach 'y ngwala gartre.

****

A dyna'r cyfnod yn dod wedyn yr o'dd yn rhaid i fi rejistro i fynd i'r Armi. Do'n i ddim ishe mynd i'r Armi o gwbwl, a phan ges i'r ffurflen, fe sgwennes i ar 'i thraws hi 'mod i ishe mynd i'r môr -i'r Merchant Navy. Ac wedyn mi ges i Medical Bôrd: ro'dd yn rhaid i fi fynd draw i Lanelli o flân y doctoried.

Wel ro'dd rhywun wedi gweud 'tho i bod winwnsyn yn beth da iawn at Medical Bôrd. Os byddech chi'n rhoi winwnsyn dan y gesail, a chysgu gydag e fan'na dros nos, bydde'r doctoried yn siwr o'ch gwrthod chi. Y noson cyn y Bôrd, es i i'r gwely, a Dai 'y nghyfell gen i -ro'dd y ddau ohonom yn mynd i Lanelli ar 'y moto beic i bore trannoth. Fe gysges i'n iawn, ond methodd Dai â chysgu o gwbwl o achos y smel winwns, a'r dŵr yn 'i lyged e.

Dyma ni i ffwrdd bore trannoth, a gadel y beic yn Llandysul er mwyn dala'r traen o fan'na i Lanelli. Yn y traen, fe lynces i lond bocs mawr o Asbrins er mwyn cadarnhau effaith y winwns. Wedi cyrraedd lle'r Armi, pallon ni'n deg â siarad gair o Saesneg gyda'r doctoried, a buodd 'na helynt mawr 'na. Ond diwedd y cwbwl o'dd -paso'n Grêd Wyn.

Pacon nhw fi wedyn mewn i'r parlwr at y Cyrnol Mowr. Ac fe feddylies i, os ces i drafferth gyda'r doctoried, ro'dd 'na le rhyfedd yn mynd i fod gyda'r Crynol Mowr 'ma. '

"Wel ble y'ch chi'n mynd â fi nawr?" gofynnes i iddo fe.

"Yow," medde fe mewn Cymrag tolcog -fi gafodd y sioc nawr, wa'th o'dd e'n siarad Cymrag- "Yow, y'n ni'n mynd â ti at y Royal Engineers!"

"O," medde fi. "Dau ddewis sy gyda chi, naill ai mynd â fi i'r Merchant Navy neu i Dartmoor Prison."

"Wel ma arna i ofan mai Dartmoor Prison fydd hi os na ei di ble y' ni'n gweud 'tho ti," medde'r Cyrnol Mowr. A felna buodd hi, a chyrradd gartre wedi câl Medical Bôrd, a phawb yn ddiflas.

Yr Hydre ar ôl hynny, dyma delegram yn dod i fi yn gorchymyn i fi fynd i'r môr ar ddydd Gwener. O'n i'n hogyn llif yn mynd i'r môr, yn sî-going gêr lan i Lerpwl. Ond fe ddâth Mr Stevens yr ysgolfeistr lan a phregethu nad o'n i ddim i fynd i'r môr ar unrhyw gyfri, a dweud 'tho i i fynd i weithio dan ddaear, a fe wnath e fi'n hollol benderfynol o beidio mynd i'r môr. Penderfynes i wneud tro gwael â'r llong, a mynd gyda Mr Stevens lawr i Tymbl bore trannoth i gâl gwaith tan ddaear. A dyma Mr Stevens a rhyw weinidog yn Tymbl yn mynd â fi at fanijer y gwaith glo i gâl gwaith i fi. Ond rhywffordd neu'i gilydd, ches i ddim gwaith.

Wel o'n i mewn trwbwl nawr. Do'dd dim arian 'da fi, ac os o'n i wedi gwrthod y cyfle i fynd i'r armi, ro'n i hefyd wedi colli'r cyfle i fynd i'r môr. Ond yn ffodus iawn, es i i Gross Hands ar y moto beic y bore dydd Llun canlynol, a châl gwaith tan ddaear yno, a rhywsut neu'i gilydd, bues i yno am dri mis. Dyma fi'n câl cyfle wedyn i drio am Fedical Bôrd arall. Y tro 'na, pases i'n Grêd Ffôr, o ganlyniad i bethe ges i wrth weithio tan ddaear. A dyna'r trwbwl 'na drosodd ta beth.

****

Ond digwyddodd un peth rhyfedd iawn pan o'n i'n gwitho tan ddaear. O'r holl brofiade, rwy'n credu mai dyma'r un rhyfedda o'r cwbwl. Ro'n i'n aros mewn llety yng Nghross Hands, a ro'dd 'na ddyn duwiol iawn hefyd yn aros yn y llety 'ma, ac efalle 'i fod e'n teimlo 'mod i'n destun gweddi, oherwydd o'dd e'n meddwl mai'r peth iawn fydde 'nghâl i i fynd i'r Cwrdd Paratoad, a'r pethe o'dd yn gysylltiedig â'r capel yn ystod yr wythnos. Es i ddim i'r capel o gwbwl gydag e, ond un nosweth, fe ddylanwadodd arna i i fynd gydag e i'r Gospel Hôl. A dyma ni i'r Gospel Hôl. Ro'dd pawb yn cymryd rhan, a ro'dd y sawl ag o'dd yn arwain y cyfarfod yn rhoi arwydd i'r bobol godi lan yn 'u tro i roi gweddi.

A hwn a'r llall yn codi lan i weddïo -pob un yn 'i dro. A dyma nhw'n dechrau siarad gyda Duw am y gwahanol bobol o'dd yn destun gweddi, gan erfyn am faddeuant a hyn a'r llall, a gofyn i Dduw achub "y bobol yn ein plith sy'n rhodio'r llwybyr eang i ddistryw". Ond yr hyn o'dd yn 'y nharo i o'dd hyn: os o'n nhw'n meddwl 'mod i'n destun gweddi, ro'n i hefyd yn teimlo 'u bod nhw yn destun gweddi, o achos er 'u bod nhw i gyd yn Gymry Cymraeg, o'n nhw'n gweddïo yn Saesneg. A dyma'r dyn o'dd yng ngofal y cyfarfod yn pwyntio ata i i godi i weddïo. Ac er na weddïes i eriôd yn gyhoeddus o'r blân, o'n i ddim yn teimlo fel gwrthod. Ro'n i'n teimlo fod gen i rywbeth i weddïo drosto fe, a wir i chi, dyma fi'n codi lan i weddïo. A gweddïo wnes i, ac erfyn ar i Dduw fadde i'r bobol 'ma am weddïo mewn iaith estron, oherwydd 'u bod nhw'n destun gweddi ddwys iawn. A wnâth y cyfell duwiol fyth ofyn i fi fynd gydag e i'r Gospel Hôl wedi hynny.

****

Pan o'n i'n gweithio yng Nghross Hands, ro'n i wedi dysgu'r ffordd i ddod mas o'r ddaear heb ganiatad, a gorffen gwaith yn gynnar, fel 'tae, heb iddyn nhw wbod. Ro'n i'n jwmpo lan rhyng y trams ar y shacl, a bydde'r ffeierman yn stopo'r trams ar y ffordd mas o'r pwll glo i gâl gweld a fydde rhywun yn lodjan i fynd mas o'r gwaith. Wel dyma beth o'n i'n 'i wneud. Ro'n i rhyng y ddwy dram, a ro'n i'n gorfod plygu lawr. Os codech chi'ch pen lan, byddech chi'n 'i fwrw e yn erbyn y top. A phan fydde'r trams yn cal 'u stopo gyda'r ffeierman, bydden i'n neidio bant, diffodd y lamp, a chwato y tu ôl i'r colbren fan'ny. Wel o'dd gofyn i chi fod yn gyflym iawn, ac yn gyfrwys, i neidio nôl ar y tram pan o'dd hi'n mynd. A felna o'n i'n gallu dod mas yntefe.

Wel, mi ges i 'mhen yn rhydd o weithio dan ddaear, ond o'dd y gamp o neidio ar y tram yn aros yn 'y meddwl i o hyd. Ro'n i'n teimlo 'mod i wedi dysgu rhyw grefft a rhyw gamp fawr. A wi'n cofio rhyw nos Sadwrn lan yn Aberaeron, a finne wedi bennu gweithio tan ddaear. Do'dd dim moto beic gen i i'w ddefnyddio, ond o'dd rhyw gar mawr yn aros fan'ny o flân y neuadd yn Aberaeron -rhyw Vauxhall mawr o gar, ffortîn horspowyr, a'r teip hynny o gar o'dd â spêr whîl ar y tu ôl uwchben y bympyr. A ro'n i'n meddwl i 'nhunan nawr, wel dyma gyfle nawr i fi gâl 'y nghario gartre. Ond ofer fydde i fi ofyn i gâl 'y nghario gan y dyn 'ma, o achos ro'dd y car yn llawn o rhyw fenwod wedi bod yn y pictshyrs.

O'r diwedd, dyma'r menwod i gyd i fewn i'r car, a finne'n cuddio tu ôl fan'ny, a phan o'dd y car ar gychwyn, dyma fi ar y bympyr, yn union fel o'n i dan ddaear. A dyma ni'n mynd yn hyfryd iawn trwy Aberaeron, a thrwy'r pentrefi tu fas, a meddylies i y bydden i'n neidio bant pan fydde fe'n dod i'r rhiw o'dd o fewn rhyw ddwy filltir i gatre. Ond pan ddâth y car at y rhipyn yma yng nghyffinie Synod Inn, ro'dd car yn canlyn, a digwyddodd un o'r menwod yn nhu ôl y car edrych nôl. Wel wir nawr, o'dd honno wedi gweld rhyw hen ben bach yn pipo arni, a fe gath fraw. Fe wichalodd, ac fe stopodd y car. Cwrces inne ar 'y mhenôl, ond erbyn i'r gyrrwr ddod mas, o'n i wedi mynd dros ben clawdd -ac wedi mynd yn sownd yn y weier bigog. Ac erbyn i fi gyrraedd adre, o'dd hanner 'y nhrowser i ar y weier bigog, a 'nghot fawr i. A felny, 'ddoth y dyn ddim i wybod pwy o'dd ar 'i fympyr e. A rhyw ddigwyddiade felna sy wedi bod ar y daith yntefe.

****

Wedi bod dan ddaear, fe es i i Cribyn i witho. Ro'dd hi'n amser rhyfel, ro'dd prinder petrol, a do'dd dim hawl i fynd â'r moto beic i unman ond i'r gwaith. A'r amser yma nawr, ro'n i'n gwitho ar fyngalo bach yr ochor hon i Lambed. Ac un noson arbennig, ro'dd 'na ffair yn Llambed, a dyma fi a Jac bach 'y nghyfell draw i'r ffair ar y moto beic, gan adael y bag offer a'r bwyd tu fewn clawdd, i'w codi nhw lan ar y ffordd nôl.

Wedi i'r tafarne gau -a ro'dd hi o hyd yn ole dydd am fod y cloc ddwyawr mlân- ro'dd Jac yn trio gwneud cerddor ohono i, a dangos y ffordd i fi ganu, oherwydd o'dd e'n dipyn o gerddod 'i hunan. A dyma fe'n rhoi enghraifft i fi. Canu'r gân yn anghywir, a'i chanu ddi'n iawn, ac ar yr un pryd, sefyll ar un gôs -o'dd rhyw elfen felny gyda Jac withe. A phwy o'dd yn edrych arnon ni fan draw ond dau bolis, ac fe feddylion ni y bydde'n well i ni fynd.

A dyma ni at y moto beic, a chyda Jac ar y piliwn, bant â ni. Y tu fas i Lambed, edrychodd Jac nôl. Ro'dd hen gar mawr, Morris 14, yn canu'i gorn ac yn gweud 'tho ni i stopo. Ond mynd mlan 'nethon ni, a chymryd mwy o spîd o hyd, oherwydd o'dd yr hen foto beic yn hen Norton mawr cyflym -o'dd mynd lan i beder ugen milltir yr awr yn ddim iddo fe. Ac ethon ni hibo'r bag offer a'r bag tocyn, ac o'n i'n teimlo mor ddiened, o'n i'n teimlo mor rhydd, fe 'naethwn i rywbeth i rwystro'r polis rhag y'n dala ni. A phe bydde rhywbeth yn mynd o'i le ar twist grip neu throtl y moto beic, ro'n i wedi penderfynu y bydde'r moto beic a finne yn mynd trwy'r gamfa gynta bydden i'n 'i weld. Ond beth bynnag ddigwydde -pido câl 'y nal gyda'r polis.

A wi'n cofio'n iawn nawr dod yn nes at bentre bach o'r enw Llanwnnen. Ro'dd y ffordd o'n i fod i fynd ar 'i hyd hi yn troi'n sydyn i'r dde. A beth o'dd fan'ny ond rhyw bump neu chwech o fenwod yn moen dŵr o'r tap. Ac mi es i dros y borfa, dros ymyl y ffordd fan'ny, a chot fawr Jac Bach yn cydio yn y tap dŵr, nes bod hanner 'i got e ar ôl ar y tap dŵr, a'r menwod fel ffowls yn rhedeg oddi wrth whîl blân y moto beic.

Ac wedi cyrradd Cribyn, dyma fi'n gellwng Jac lawr, a Jac yn mynd mewn i'r gweithdŷ, a dyma finne bant. A mae'n debyg fod y tri polis yn gwrando ar sŵn 'y moto beic i yn mynd lan rhiw o'dd tua dwy filltir i ffwrdd yn Cribyn, a'r rheini'n aros ar bwys y moniwment yn gwrando. WEDI mynd!

"Wedi rhedeg i'r orsaf tan regi
O'r arswyd 'na biti,
Dim ond eiliad myn diawl i --
Wedi mynd wel dyma hi."

-o'dd hi yntefe? A chyrraedd adre yn sgraps, a bwndel o fieri a chlits ar y moto beic -ond yn ddiogel er hynny. A theimlo'n hyfryd iawn fy mod i mas o grafange'r polis.

****

Yr adeg o'n i'n gwitho yn Cribyn, ro'dd mab y garej lleol yn gyfell i fi, a fe o'dd yn mynd yn 'i gar gyda Dewi Emrys o amgylch y dosbarthiade o'dd gyda Dewi Emrys. Bydden ni'n mynd lawr yn y car, a galw gyda Dewi Emrys, a fan'ny y bydde Dewi Emrys yn ymarfer 'i hunan yn y drych er mwyn gofalu bod y cwbwl yn iawn, a gwneud yn siwr fod pethe'n berffeth. Ac o barch i Dewi Emrys, mi fydden i'n dysgu ambell i englyn o'i waith e. Ond un tro, fe adroddes i englyn iddo fe, a fe wedes yr englyn yn anghywir. O fe ddyfares. Ges i wbod yn seis -buodd e bron â'n llabyddio i. Buodd e bron â 'nhynnu'n rhydd oddi wrth 'y ngilydd. A byth oddi ar hynny, pan o'n i'n dysgu englyn neu unrhyw farddoniaeth, mi ofales i 'mod i'n 'u dysgu nhw'n gywir -rhag ofan i fi gwrdd â dyn arall fel Dewi Emrys.

****

Cyrhaeddes i gatre rhyw nosweth wedi deuddeg. Ro'dd hi'n hwyr nos Sadwrn: ro'dd hi'n fore Sul. A'r Ostin Sefn gen i. A nawr pwy ddâth i gwrdd â fi yn nrws y tŷ ond hen wraig mam yn 'i gwn nos, a chanhwyllarn ynghyn yn 'i llaw hi. Ro'dd hi'n 'y mlagardio i nawr ble o'n i wedi bod. Wedes i 'mod i'n mynd i'r môr, a mynd i'r môr y funud honno. Troies i'r car rownd ar y clôs o flân tŷ, a'i bwrw hi am y môr. Es i lan am y groesffordd, weles i gar yn dod lawr, a phan sylweddoles i, ro'dd hen wraig mam ar rynning bôrd y car yn 'i gwn nos, gyda'r canhwyllarn. Es i lan i dop y groesffordd, a throi nôl i'r tŷ, a buodd dim sôn pellach am fynd i'r môr.

Ond fe weles i foi yn y Cei Newydd rhyw dair wythnos wedi'ny, a ro'dd e'n dweud 'i helynt ac yn dweud 'i brofiad, ac yn sôn 'i fod e'n dod lawr hibo croesffordd Mownt un nosweth tua un o'r gloch y bore, a'i fod e wedi gweld ladi wen gyda chanhwyllarn yn 'i llaw hi ar rynning bôrd y car 'ma. A beth o'dd e wedi'i weld ond hen wraig mam a finne'n 'i bwrw hi am y môr.

****

Yr Eisteddfod gynta es i iddi o'dd Eisteddfod Aberteifi ym 1942, lle gweles i Lloyd George yn palu celwydde, ond ym 1943, yn Ysgol Haf Caernarfon ac Eisteddfod Bangor y dechreues i gal y profiade mawr Eisteddfodol. Ro'dd haf 1943 yn un braf, ac o'dd ambell i noson mor hyfryd fel nad o'dd dim gwahanieth ble fyddech chi'n cysgu. Ac un nosweth, fe benderfynodd Dennis a finne, yn lle talu wheigen i'r Ysgol Haf, gysgu mewn cwch o'dd yn gorwedd yn y cei yng Nghaernarfon. Ro'dd y teid mas, a dyma gysgu'n felys a hir.

Ond fe gafodd Dennis a fi y syndod rhyfedda pan ddihunon ni fore trannoth. Ro'n ni'n bell mas ar yr Afon Menai. O'dd y teid wedi dod mewn y'ch chi'n gweld. A nawr do'dd dim gwerth inni drio nofio'n ôl i'r lan -o'dd digon o amser i gâl. Ac i ladd tipyn o'r amser -o'dd y'n trâd ni wedi bod yn chwysu, a'n sane'n drewi- cath Dennis a finne gyfle ardderchog i olchi sane yn nŵr yr heli. A finne'n dweud 'tho Dennis, "Y tro nesa'r awn ni i gysgu mewn cwch, cofia ddod â gwialen bysgota gyda ti." Ro'dd y cwbwl yn hyfryd iawn, gyda thraethau Môn ar un ochor a mynyddoedd Arfon ar yr ochor arall.

****

Wi'n cofio arna i'n aros yn y ciw ym Mangor adeg yr Eisteddfod, a ro'dd hi'n bwrw glaw, a finne heb got fawr. Ro'n i wedi bod ar ben yr Wyddfa, a ro'dd hi wedi dechre bwrw glaw pan gyrhaeddes i'n ôl i Fangor, a ro'n i'n y ciw nawr yn disgwyl y bys i fynd â fi nôl i Gaernarfon. Ro'n i o dan ymbrela rhyw hen fenyw fan'ny. A mae'n wir fod 'y mhen i mas o'r glaw, ond ro'dd bargod yr ymbrela yn glychu 'nghefen i ar yr un pryd. Ond o'n i'n teimlo 'mod i fewn yn eitha da o'r glaw, whare teg i'r hen wraig.

Ond ro'dd rhyw gi mawr -Alseshyn- gyda'r hen fenyw 'ma, ac yn ddisymwyth, fe gofiodd yr hen fenyw 'i bod hi ishe posto rhyw lythyr neu'i gilydd, ac fe ofynnodd i fi a fydden i'n barod i ddal yr ymbarel a'r ci. Wel gan 'i bod hi wedi bod mor garedig ata i, wel ro'dd rhaid i fi fod yn garedig yn ôl ati hithe. "Ar bob cyfri," wedes i, a dyma fi'n dal yr ymbarel, a'r hen gi mawr 'ma ar 'y mwys i.

Wel ymhen ychydig o funude wedi iddi fynd, dyma'r bys yn dod, a dyma 'nhro inne i fynd mewn i'r bys. Wel do'n i ddim ishe colli'r bys, o'n i? Ro'dd yn rhaid i fi fynd i Gaernarfon, ac efalle na ddele bys arall am amser maith. Ro'n i mewn penbleth, a do'dd dim sôn am y fenyw. Wel wir i chi, fe gaëes yr ymbarel, a chi'n gwbod beth wnes i â'r ymbarel -'i hwpo fe fewn i benôl y ci, a gollwng y ci'n rhydd, a mewn i'r bys nôl i Gaernarfon, a chlywes i fyth mwy o sôn amdano, na'r ci na'r ymbarel.

****

Ro'dd 'na hen gapten yn byw nepell o 'nghartre i, a ro'dd e'n awyddus iawn i fi fynd lawr ato fe i de dydd Sul. A nawr o'n i'n addo o hyd, a ddim yn mynd. Ond yn ôl y gwahoddiad dwetha ces i gyda fe, ro'n i i fod 'na am dri o'r gloch ar ddydd Sul, a dyma'r dydd Sul yn dod. Es i lawr i gartre'r hen foi, ond ro'n i awr yn hwyr, a phan es i fewn i'r tŷ -am bedwar o'r gloch- ro'dd yr hen gapten yn grac, a ro'dd e'n gas. Ro'dd e'n methu deall lle o'n i wedi bod.

Beth bynnag, es i i eistedd wrth y bwrdd, a dechrau ar yr wy o'dd e wedi'i baratoi. Os do fe. Ro'dd yr wy mor galed, allen i 'i gico fe o fan'ny i Llanarth a nôl. Y ffaith o'dd fod yr wy wedi bod yn berwi am awr gydag e. A dyma'n awr droi at y te, ar ôl treulio chwarter awr boenus yn trio treulio'i wy e. Wel erbyn edrych, ro'dd y tebot hefyd wedi bod yn berwi gydag e am awr gyfan ar y tân. Ond fe yfes i'r te yn iawn, gyda thamed bach o ffwdan.

A nawr o'n i'n teimlo'n gysurus iawn. O'n i wedi bwyta'r cwbwl, ac wedi mynd trwyddi'n iawn, a dyma fi'n ishte nôl yn y gader freichie i esmwythau tipyn. Ro'dd 'y mola i'n dynn, ond ro'n i wedi llwyddo i fynd trwy'r pryd, ac os mai diflas fuodd y pryd, ro'dd y cwbwl yn iawn nawr.

Ond dyma'r hen greadur yn mynd i'r ffwrn wal gan ddweud, "Oho!! Dyma'r stwff ma'r hen ŵr yn 'i wneud -reis hyfryd i ti!" A gorfod i fi fwyta basned mawr o reis ar ben y cyfan, a ro'dd e fel pren. Ac er i fi gâl sawl gwahoddiad arall, es i ddim lawr yntefe.

****

Ro'dd yr hen gapten, y'ch chi'n gweld, yn cyfri 'i hunan yn gwc. Dew, o'dd e'n cyfri'i hunan yn un da am wneud bwyd, a dyma fe'n dweud wrth 'i gyfell -hen lanc- y dele fe lan bore Nadolig i wneud cino Nadolig iddo fe. A ro'dd e'n pwysleisio y bydde'r grefi yn rhywbeth arbennig iawn, ac yn werth 'i fyta.

Diwrnod Nadolig yn neshau, a'r hen gapten yn atgoffa'i gyfell o hyd am y bore y bydde fe'n dod lan i wneud y cino, gan roi pwyslais arbennig eto ar y grefi.

Ac o'r diwedd, dyma fore Nadolig yn dod. A wir i chi, ro'dd pethe'n mynd mlân yn braf 'na. Grân ar y pethe, a smel neis -ro'dd 'na smel hyfryd yn y tŷ. A nawr dyma'r adeg fawr yn dod -adeg gwneud y grefi. Ro'dd y gampwaith fod 'i gâl 'i wneud nawr. Ond diari, 'na dro diflas gas y capten. Pan ddâth e'n amser cymysgu'r grefi, fe gwmpodd 'i gap e mewn i'r grefi, a fe âth y cwbwl yn ddiflas yntefe, a'r capten heb wbod ble i roi'i hunan, a'r hen lanc yn chwerthin am 'i ben e.

****

Ro'dd yr hen gapten 'ma yn arbenigwr ar wneud Pele -cymysgedd o glai a glo ma bobol yn 'u defnyddio ar y tân. Ro'dd yr hen gapten newydd wneud pentwr mawr newydd o'r Pele 'ma, ac wedi'u rhoi nhw'n gymen yn y tŷ glo. Ro'dd Twm 'i gyfell yn gwbod am hyn, a'r noson honno, pan o'dd y capten yn y dafarn -ro'dd hi'n noson ole leuad braf- fe wasgarodd Twm y Pele ar draws y clôs o flân tŷ.

Dyma'r hen gapten yn dod adre'n hwyr, edrych ar y clôs a sylwi fod yr iet ar agor, a dweud, "Hen geffyle Jips wedi bod ffor hyn heno 'to!" A dyma fe'n moen rhaw, a thaflu'r Pele 'ma dros ben clawdd -neu'r baw ceffyle Jips yn ôl 'i feddwl e. A nôl ag e i'r tŷ ac i'r gwely gan deimlo'n gysurus ac yn hapus iawn.

Galwodd Twm gydag e fore trannoth. Ro'dd y capten newydd gynnau tân, a ro'dd e nawr yn mynd mas i'r sied lo i foen Pele i'w rhoi ar y tân. A dyma'r capten yn dod nôl yn gynhyrfus reit, ac yn blagardio ac yn gweud 'tho Twm, "Ma'r Jips wedi bod yn y tŷ glo -ma rhywun wedi mynd â'r Pele. A gwrando 'ma Twm, os clywi di rywbeth, rho wbod i fi. Byddan nhw neu fi'n gorff!"

Go brin o'dd e'n sylweddoli mai fe o'dd wedi taflu'r Pele dros ben clawdd 'i hunan. A dyna fel ma dyn yn gallu gwneud tro gwan â'i hunan yntefe. Mae'n rywbeth i dwyllo rhywun arall yntefe, ond pan ma dyn yn twyllo'i hunan, ma dyn yn gwneud tro gwan â'i hunan on'dyw e?

****

Wedyn, fe es i lan fel gwerinwr i ardal Aberystwyth i witho. Wrth fynd i'r dre min nos ar ôl gwitho, neb yn meddwl nac yn dychmygu newid i ryw ddillad teidi parchus, ond gwisgo britsh a phwtis yntefe. Ro'n i wedi prynu pwtis, sef legins o fath o'dd gyda'r milwyr yn y rhyfel cynta. Ry'ch chi'n 'u rholio nhw rownd y'ch coes withe, a ma'n nhw'n gynnes ac yn glyd. A wi'n cofio mynd o'r llety draw i dafarn yn Aberystwyth. A phan es i fewn i'r dafarn, o'n i'n gweld pawb yn edrych arna i ac yn rhyfeddu ata i o du fewn 'u dillad teidi, parchus. Beth o'dd wedi digwydd o'dd fod un o'r pwtis ar 'y nghôs whith wedi dod yn rhydd ac yn ymestyn am rhyw chwarter milltir mas i'r hewl. Ro'dd un pen wrth 'y nghôs i, a'r pen arall nôl yn rhyw siop chips rhywle ar y Prom. A dyma gâl llond bol ar yr hen Saeson tew yn chwerthin a mynd i un o "dafarnau'r wlad", sef yr Oak Inn, neu'r Walk In, fel o'n ni'n 'i galw hi yntefe.

****

Pan o'n i'n gwitho yn Aberystwyth, fe ges i wedjen heb feddwl câl wedjen -rhyw Saesnes o Lerpwl yn y Coleg yn Aberystwyth. A rhyng bod 'yn Saesneg i'n brin, a'r wedjen arbennig 'ma'n Saesnes -ac yn gap ar y cwbwl, o'dd atal dweud arni- o'dd pethe'n o ddrwg. Treulio noswithe yng nghwmni honno, ond y ffwdan fowr o'dd câl gwared ohoni yntefe. Ond rhywfodd neu'i gilydd, fe ges i 'i gwared hi, a 'na'r fendith fwya o'dd honno. Fel y dywed yr hen bennill:

"Fe fum gynt yn caru Saesnes,
Cloben felen fawr anghynnes.
Disgwyl pethau gwych i ddyfod,
Croes i hynny maent yn dod;
Meddwl fory bydd gorfoledd -
Fory'r tristwch mwya 'riôd."

****

Un adeg pan o'n i'n gwitho yn Aberystwyth, ro'n i'n gwitho lan yn Salem, ac yn codi cegin fach i ryw hen Sais digon cas fan'ny. Ac eto, o'n i'n pallu siarad gair o Saesneg gyda'r Sais 'ma. A ro'dd hi'n dywydd oer, caled, a ro'n ni newydd roi tô ar y gegin fach 'ma. A ro'dd y Sais 'ma'n credu'n iawn na allen i ddim siarad gair o Saesneg o gwbwl.

A wi'n cofio -ro'n i ishe rhoi cafnau lan ar y bargod, ac o'n i nawr yn dechre siarad ychydig bach o Saesneg, a dyma fi'n tynnu côs yr hen Sais trwy ddweud 'tho fe y gallen ni roi'r cafne lan dipyn rhwyddach pe bydden ni'n codi scaffald lan gyda chymorth y tŷ-bach pren fan'ny yn nhop yr ardd: "If we move him (y tŷ-bach) from there to here, plank from there to the roof -scaffold." A dyma fi'n cydio yn yr hen dŷ-bach a rhoi scriwad iddo fe. A phe bydden i wedi cydio ym mhen yr hen Sais a rhoi tro yn 'i wddwg e, gallase fe ddim bod yn gasach. Wel dyna ddechre rhoi arddeall i'r Sais fod rhyw ychydig o Saesneg gen i.

Ac un bore nawr, fe gynnodd Ianto, un o'r bechgyn o'dd yn gwitho 'na, dân yn y gegin fach. A phan o'n ni nawr yn mynd i gâl bwyd amser cino, dyma'r hen Sais yn dod mewn a dweud wrth Ianto, "Put that fire out!!" Ac medde Ianto yn hollol wasaidd, "What haf ei don?"

Ond beth o'dd yn bod o'dd hyn, y'ch chi'n gweld. Ro'dd Ianto'n rhyw Sarjant yn yr Hôm Gard, a'r Sais 'ma odano fe, ac o'dd y Sais 'ma'n genfigennus iawn tuag at Ianto am hynny. A nawr ro'dd 'na ddadl fan'ny rhwng Ianto a'r Sais 'ma. Wel nawr, ro'dd tipyn o ryddiaith Saesneg wedi dod i 'ngho i nawr -yr adeg honno o'n i wedi bod yn trio cyfieithu darne o'r Welsh Nation i'r Gymraeg er mwyn ennill geirfa ac ennill egwyddorion y Blaid.

"Put that fire out!!" medde'r Sais.

A dyma fi nawr mlân i'r maes a dweud mewn Saesneg clir a huawdl, "No! We won't! Home rule for Wales! Wales cannot afford an English government. We haven't forgotten the period between the two wars when half a million of our skilled men left Wales to the Midlands, where work was plentiful, doing electricity for England, and the worker coming from Wales. And from henceforth, we shall not fail to show that we are industrious and energetic!"

Ro'dd yr hen Sais yn neidio llathen o'r ddaear, a fe âth e i nôl y prif adeiladydd i gâl rhoi sac i fi am 'y mod i'n "Welsh Nationalist". Ac fe ddaeth y boss lan, ac yr oedd llond 'y mhoced o ryw lyfre bach o ffeithie, ac fe ddosbarthes i'r rheini rhwng y bechgyn o'dd yn gwitho 'na, a ma'r prif adeiladydd yn genedlaetholwr hyd heddi.

****

Ond y tro gwaetha ddigwyddodd i fi pan o'n i'n gwitho yn Aberystwyth o'dd hyn. Ro'dd hi'n noson ole leuad, a ro'n i'n methu cysgu -ro'n i'n aros mewn llety. Digwyddes bipo mas trwy'r ffenest, a finne wrth 'y nhunan nawr, a gweld ladi wen wrth dalcen tŷ. Dew, ces i ofan. Ces i ddim teimlad mor arswydus na chynt na chwedyn. Ro'dd yn rhaid gwneud rhywbeth yn 'i gylch e, a ges i syniad. Es i i nôl dryll gŵr y tŷ, a saethu'r ladi wen -ac fe gysges i'n hapus iawn wedyn. Ond ces i'r syndod rhyfedda bore trannoth. Pan es i i nôl 'y nghrys gwyn oddi ar y lein -ro'dd twll mawr ynddo fe. Nid y ladi wen o'n i wedi'i saethu, ond 'y nghrys 'y nhunan.

A nawr ro'dd petrol yn brin -ro'dd cŵpons petrol- ac yn y cyfnod yna, mi dreulies dri mis yn crwydro lan a lawr Cymru. Ro'dd gen i dipyn o arian yn y Llythyrdy, ond fel ro'dd yr arian yn mynd yn brinnach, ro'dd yn rhaid ennill tipyn. A dwy'n cofio amdana i yn Eisteddfod Rhosllannerchrugog. Prynu brwsh a pholish i lanhau sgidie'r eisteddfodwyr, ac ennill rhyw dair punt. Wel o'dd e'n rhyfedd meddwl cymaint o'dd yn dod i gâl 'u sgidie wedi'u glanhau -ond ro'dd 'na dipyn o bwdel 'na. 'I bwrw hi'n ôl wedyn a châl taith arall trwy Gymru, gan orffen yn y Barri ac o gwmpas fan'ny. Aros withe mewn hotel, a phryd arall, ar ben tŷ gwair. A chwrdd â rhyw hen gyfell o'dd yn byw ar 'i ffraethineb fel 'tae. O'dd rhyw nofeltis gydag e mewn rhyw fag lleder, ac o'dd e'n 'u gwerthu nhw o un ffarm i'r llall, a finne'n mynd gydag e weithie ar y moto beic. A ro'dd hwnna nawr yn gyfle da i ddod i nabod pobol cefen gwlad Sir Forgannwg.

Yn y diwedd -y cŵpons wedi bennu i gyd. Do'dd dim gobeth câl rhagor ohonyn nhw. Dod i ben â thwyllo dyn y lori lo yng Nghaerdydd i lanw tanc y beic lan gyda'i gŵpons e'i hunan, a chyrredd nôl gatre. A ro'dd e'n beth diddorol iawn i edrych ar y llyfyr Post Office -ro'dd stamp o bob pentre yng Nghymru bron arno fe, o Sir Gaernarfon lawr i Sir Fynwy.

****

Ro'n i'n gwitho draw yn Splott, Caerdydd, sâr arall a finne, a ro'dd gyda ni tri ar ddeg o dai i'w bildo. Ro'dd y boi hyn yn dod o Drawsfynydd -Cymro tal mawr. A phan fydden ni'n gwneud llawr y tŷ, bydde fe'n hoff iawn o baffio. Wn i ddim a o'dd e'n gweld defnydd paffiwr ynddo i ne bido, ond o'dd e'n foi mawr dychrynllyd, a phob tro y bydde paffio yn mynd mlân, o'n i'n câl ergyd ar 'y nhrwyn. Wel erbyn diwedd, o'dd trwyn mor fowr gen i, wel o'dd y cyfan yn diflasu. Ro'dd un ergyd ar 'y nhrwyn yn ddigon i dorri 'nghalon i

A wi'n cofio un bore Sadwrn, pan o'n i'n teithio o Splott i Queen Street ar y tram. Nawr mi fydde'r hen dram yn aros o flân yr Alexandra Hotel bob tro, o achos y traffic jam. Ac o'n i'n câl cyfle fan'na i neidio bant o'r tram a pheidio mynd mlân i'r stop nesa -mi fydden i'n nes i'r lle o'n i'n aros. A'r bore arbennig yma, o'dd dwy law yn grôs i ddrws y tram. A wnes i ddim byd o'i le -es i o dan 'i fraich e a neidio mas ar y pafin. Ac o'dd 'y nhrwyn i'n dost a newydd gal ergyd rhyw hanner awr cyn hynny. A beth o'dd ar y pafin fan'ny ond stondin y boi gwerthu papure. Ond dyma'r boi o'n i wedi mynd o dan 'i freichie fe yn 'y nilyn i, ac yn dod lan ata i ac yn dweud, "Pam wyt ti yn 'y mwrw i aboiti'r lle?"

Wel o'dd e'n danllyd, ond do'n i ddim yn teimlo fel câl ergyd arall ar 'y nhrwyn, a chyn 'i fod e'n bennu gweud 'ny, dyma ergyd oddi wrtho fe. Wel nawr, o'n i wedi câl tipyn o dreining yn y bore, ac o'n i moen amddiffyn 'y nhunan, a chyn bod y dyn yn meddwl dim, dyma fi'n rhoi ergyd o dan 'i ên, nes 'i fod e dîn dros 'i ben ar draws y stondin papure 'ma, a dyn y stondin papure â'i lasus ar 'i dalcen. A nawr, cyn 'i fod e'n codi'n iawn, dyma fi i ffwrdd, a rhedeg bant, a meddwl -iach yw pen cachgi. A thra fues i yng Nghaerdydd, o'dd ofan arna i y gwelen i'r dyn, ond trwy lwc, weles i mohono fe.

Pan o'n i'n gweithio yng Nghaerdydd, mi fydden i'n mynd i Dŷ'r Cymry ac i gapel Minny Street, ac ar nos Sul, mi fydden i'n amal yn mynd i Rôth Parc gyda'r criw o Gymry ifenc -llawer ohonyn nhw yn y colege. A wi'n cofio un nos Sul arbennig, gweld y blode ar y whith, gweld y blode ar y dde, a blode ym mhob man ar lan y llyn, ac o'dd rhyw gymysgedd o wahanol bethe yn dod i'm meddwl i, a'm meddwl i yn cawlio tipyn. Dweud rhai straeon wrth fy nghyfeillion, ag eto o'dd 'y meddwl i yn cawlio wrth weld y blode 'ma a'r pethe 'ma ar bob cyfeiriad. A'm meddwl i'n mynd nôl i gofio am Telynog, a'r gân hyfryd 'na gyda Telynog, "Blodeuyn bach wyf fi mewn gardd.." A dyma'r gymysgedd o'dd ar 'y meddwl i wrth weld y blode ar y whith, a'r blode ar y dde, a'r blode ar bob cyfeiriad.

Nawr mi fydden i'n ddigon hapus onibai i fi weld rhyw fenyw annaturiol o fain a thal o'm mlân i, ag o'dd 'y meddwl i ar honno, a'm meddwl i yr un pryd ar y blode. Ro'dd y fenyw 'ma mor rhyfedd nes bod 'y meddwl i'n cawlio i gyd. A'r hyn ddaeth i'm meddwl i yr eiliad honno o'dd:

"Chwannen fach wyf fi mewn blew
Yn araf, araf sugno,
A'r ddynes fain yn cnoi ei chîl
Wrth weld ei hun yn teneuo."

****

Yng ngwyl banc Awst 1944, fe alwodd Dennis a Dewi a finne yn nhafarn Erw Llan, Cei. Ro'dd rhyw fwndel o goliers co, ag o'dd pawb walle yn teimlo 'i hunan yn brydydd, a daeth pawb at 'i gilydd i lunio englyn i Garnera. Walle 'mod i wedi canu i Garnera am 'i fod e mor fawr a finne mor fach yntefe, a dyma'r englyn:

"Cawr o ddyn yw Carnera -saif
Saith trodfedd mewn taldra;
Hitiff hwn mi fetia
Eliffant yn fil o ffa."

****

Wi'n meddwl weithie am y manteision sy'n dod i ran dyn, dyw dyn ddim yn gweld 'u gwerth nhw. Colli cyfle yntefe. Wi'n cofio un tro yn Eisteddfod Aberpennar 1946, o'dd noson lawen gyda ni, a phwy o'dd gyda ni yn y noson lawen ond Princess Elizabeth -brenhines Lloeger nawr yntefe. A ro'dd hi gyda ni yn y noson lawen 'ma, a ro'dd hi nawr tua tri o'r gloch y bore. A man'ny o'dd hi druan fach yn bwrw mwg tybaco bant gyda'i ffan fach, a hat â phluen ar 'i phen hi. A ro'n i'n teimlo nawr 'i bod hi wedi câl llond bol ar fod yno, a'i bod hi nawr yn mynd yn hwyr. Ag o'n i'n sylwi nawr fod pawb yn ormod o hen fapa, o hen gachgi, i gynnig hebrwng y groten gatre, a fi o'dd yr unig un a fentrodd mlân a gofyn iddi a leice hi gâl cwmni. Cydsyniodd hi arna i, a dyma fi gyda hi.

Wel dyma ni'n mynd nawr lawr am y trên lle ro'n nhw'n aros -hynny yw, y Royal Coach, lle o'dd 'i thad a'i mam a hithe a'i whâr fach yn cysgu. A nawr dyma fi yn dweud Nos Da wrthi, ac o'n i'n gweld hen ddyn 'i thad yn pipo mas ac yn edrych yn grac, achos mae'n siwr 'i fod e wedi câl ofan wrth weld y mwstashus mawr o'dd gen i. Dim ond dweud Nos Da a mynd, a dyna'r cyfan, a feddylies i ddim rhagor am y peth. Ond eto, ar ôl meddwl a myfyrio uwchben y peth, gallasen i fod wedi gwneud llawer iawn mwy na dweud Nos Da. Ond eto dyna fe -manteisies i ddim ar y cyfle, 'naddo?

Wel nawr, mewn tua blwyddyn ar ôl hynny neu ragor, dyma lythyr yn dod i fi oddi wrthi hi. Ro'dd hi wedi priodi nawr, a ro'dd llun hi a'i gŵr gyda'r llythyr, a'r llythyr yn dweud: "My dear beloved Eir, I venture to send you my photo. It's you I still love, only Dad made me go with Phil. I liked your moustache when I saw them at Mountain Ash, but my Dad didn't like them. Here's my last kiss, Liza." Ond er mai Saesneg o'dd y llythyr, o'dd e'n swno'n Gymreig iawn. A ro'dd englyn ar waelod y llythyr yn dweud:

"A'i fwstash ar wefus dew -y swancia
Yn sioncwyllt ei fyrflew;
A'i wallt yn ôl yn o lew,
Helynt hwn yw oelo blew."

Ie, meddyliwch am fachan bach o Bontshân, petai e wedi manteisio ar y cyfle 'na -un o gyflestere mwya'i fywyd e. Meddyliwch am fachan bach o Bontshân, lle galle fe fod yn dad i Dywysog Cymru, 'se fe wedi manteisio ar y cyfle mawr gas e.

****

Wi'n cofio pan o'dd Princess Elizabeth yn priodi. Efalle 'mod i'n teimlo braidd yn genfigennus o achos 'mod i heb gymryd mantais ar y cyfle mowr yntefe. A nawr ro'dd 'na fechgyn yn y coleg yn Aberystwyth wedi ffurfio mudiad y Gweriniaethwyr, a ro'n i'n un ohonyn nhw. A'r syniad ro'n ni wedi'i gâl o'dd torri i fewn i'r Recruiting Office yn Aberystwyth, câl yr hen filwr dymmi o'dd 'na mas, a'i hongian e ar wal y castell. Dyna'r croeso o'n ni'n mynd i'w roi i briodas Princess Elizabeth.

Ro'n i'n gwitho ar y pryd yng Ngwesty'r Urdd ym Mhantyfedwen, a ro'dd 'na gannodd o allweddi o bob math 'na, ac yn bwysicach na dim, ro'dd 'na raffe i ddianc rhag tân 'na. A nawr petaen ni'n gallu câl y dymmi o filwr 'ma mas o'r Recruiting Office, bydden ni'n gallu mynd lawr ar y rhaffe, a'i hongian e ar wal y castell.

Wel buon ni am dair nosweth canlynol yn trio torri i fewn i'r lle gydag allweddi'r Urdd. Ro'n ni'n mynd mewn trwy'r passej 'ma nawr i gâl gafael ar y drws o'dd yn arwain i fewn i'r stafell lle'r o'dd y Recruiting Office. Wel o'dd y passej yn arwain i'r stâr, a'r stâr yn arwain lan i'r gwahanol fflatie -fflatie o'dd fan'na yr adeg honno. Ro'dd pobol yn mynd lan a lawr y stâr, a finne a 'nghyfeillion am yn ail yn cerdded mlân yn hollol ddidaro. Ro'n i'n trwytho 'nhunan i fod yn griminal nawr, on'd o'n i? Beth bynnag, methon ni â châl unrhyw allwedd i ffitio'r clo, a gorfod inni adel yr hen soldier yn y Recruiting Office. Petaen ni wedi llwyddo, a châl ein dal, mi fydde fe'n beth mawr yng ngolwg y bobol. Dyna beth o'dd tynnu gwarth ar yr hen gariad fach.

Ambell i waith, ma chwant canu arna i, ond wrth gwrs wi'n cofio'r gân fowr o'n i'n canu 'slawer dydd, fi a Madam Patti yn yr Albert Hôl. Nawr ma'r Albert Hôl yn hôl fowr o fan hyn i fanco, fel 'tae. A'r gân fowr o'n i'n canu o'dd "I met her in Chicago and I kissed her in the kiosk". Rwy'n cofio'n iawn amdana i'n canu hon yn yr Albert Hôl. O'n i'n teimlo fod y gynulleidfa ar flaenau' trâd yn hongian wrth y node o'dd yn dod mas.

Ac wedi imi ganu mor beraidd a hyfryd, dyma nodyn bach yn dod ata i oddi wrth rywun yn y gynulleidfa. O'dd e ishe 'ngweld i yn y dressing rŵm. A pwy y'ch chi'n feddwl o'dd e? A phan es i i'r dressing rŵm, dyna lle'r o'dd e, y brenin Edward druan -ac yn llefen fel babi, a'r dagre yn rhedeg lawr 'i ruddie fe, ac yn y distawrwydd o'ch chi'n clywed nhw'n disgyn drip, drip i'r llawr. A dyma fe'n gwasgu'n llaw i a dweud 'tho i, "Taff," mynte fe, "Taff, 'y machgen bach i Taff," -ac yn gwasgu'n llaw i'n dynnach- "Taff -os byddi di byth mewn trwbwl, tria ddod mas ohoni."

****

Pan symudes i o Gaerdydd i weithio at yr Urdd i'r Borth, fe gwrddes i â'r cyfell Emlyn y Doncis, y dyn doncis yn y Borth, a mi wnes ffrindie mawr ohono fe. Ar y pryd, o'dd crys coch tanbaid amdana i -rhyw grys silc wedi dod o'r India o'dd e- ag o'dd mwstashus mawr iawn gen i. O'n nhw mor hir, o'n i'n gallu rhoi 'u blân nhw fewn yn fy nghlust. Wel fe gwrddes i nawr â rhyw foi arall, o'dd yn dipyn o dderyn, a rhaid 'mod i'n ddyn gwahanol. Oherwydd fe ddwedodd hwnnw wrth dafarnwr y Three Horseshoes, Rhydypenne, os gwele fe fi a'r boi doncis yn galw, y dyn â'r mwstashus mawr a'r crys coch, am ofalu pido rhoi cwrw i fi. Fforiner o'n i, ac o'n i'n cario rifolfer.

A mewn rhai wthnose, fe alwon ni am y tro cynta yn y Three Horseshoes 'ma, ac o'n i'n gweld y tafarnwr yn rhyfedd iawn 'tho i. Cymro o'dd e, ond ro'dd e'n sur ata i, a ddim yn ateb, ac yn gwrthod rhoi cwrw i fi. Ond go brin o'n i'n sylweddoli ar y pryd yntefe beth o'dd y stori o'dd tu ôl, ac fe eglurodd y tafarnwr 'tho i wedyn beth o'dd yn bod, a fe welodd trw'r jôc, a buon ni'n ffrindie mawr tra buon ni'n byw yn yr ardal.

****

Ro'n i'n rhyw bump ar hugen ôd erbyn hyn, a'r cyfnod yn dod -cyfnod câl gwraig yntefe. Ro'dd rhaid câl gwraig yntefe, a dyma'r ffordd benderfynes i. Ces lythyr oddi wrth y ferch sy'n wraig i fi nawr, a'r llythyr hwnnw yn lythyr Cymrâg, a'r Gymrâg yn dda. Ro'dd 'na naws Gymreig a hyfryd i'r llythyr. Ac fe wedes i wrth 'y nhunan, dyma'r wraig wi ishe.

Ac o gâl gwraig Gymreig felna, ma'r plant yn Gymry Cymraeg. Ma'r plant yn gwbod am y pethe i gyd erbyn hyn. Pan o'dd y plant yn rhyw dair neu beder ôd, cyn sôn am ddysgu darllen, mi fydden i'n dweud 'tho Blodeuwedd neu Idwal, "Cer i nôl Drych y Prif Oesoedd o fanco." Neu Saunders Lewis: Ei Feddwl A'i Waith, neu Cymru Fu -mi fydden nhw'n gwbod y gwahanieth rhwng y llyfre i gyd, er na fydden nhw'n gallu darllen. A felna ma'n nhw wedi'u magu yn y pethe.

Ro'n i'n awyddus iawn pan yn beder ar ddeg i fynd mlân â'r ysgol. Wnes i 'ngore i fynd i Ysgol Llambed, ond bues i ddim yn llwyddiannus. Ro'n i'n teimlo'n awyddus iawn i ddysgu. Ond os na ches i'r cyfle, wi'n falch erbyn heddi fod y plant wedi câl addysg, ac ma Idwal 'y nghrwt i eto yn gafel yn yr un pethe, ac ma gydag e lawer i ddarn digri ar 'i gof, ac yn ddefnyddiol iawn gen i ar adege pan fydd galwad i gynnal noson wrth 'y nhunan.

****

Wel nawr, ro'n i'n teimlo'n sâl iawn wedi priodi -wedi câl plewrisi. Gorfod i fi gâl X-ray, a chanlyniad yr X-ray yn gweud, "This ma should be kept in bed for a month, and have an X-ray in a month's time". Wel dyma fynd i'r gwely, a'r dwarnod o'n i'n mynd i'r gwely, fe ddâth gwerth £84 o ddodrefn oddi wrth Jay's o Abertawe ar hire purchase -£3 y mis. Wel nawr, deunaw swllt o'n i'n 'i gâl o inshiwrans, a ro'dd y rhent yn wheigen. Wel ro'dd hi'n adeg gwael, on'd o'dd hi? Deuswllt i fyw. Ac wedyn, ro'n ni mewn rŵms gyda gweinidog yn ymyl y Borth. Ond âth y wraig i witho, ac ennill rhyw ddeg swllt ar hugain.

Treulies i rhyw ddeufis yn y gwely, a rhyw whech mis gatre o'r gwaith. Ond ro'dd y hire purchase yn câl 'i dalu 'ru'n peth. Ac fe wedes i wrth y wraig, "Pan wella i, a mynd i witho, mi fydd cyment o arian ag â fydd dros ben yn mynd i'r Post Office, fel y cân nhw'u cadw dan glawr." A ro'n i wedi gwella'n dda iawn, ac yn y cyfamser, ro'dd 'na hanner canpunt mewn llaw o arian.

Ond nawr, ro'n i'n teimlo 'mod i ishe lle iawn i fyw, ac nid rŵms. A ro'n i'n gwbod am le bach ym Mhontshân o'r enw Pengelli -wyth cyfer o dir, a'r tŷ wedi adfeilio. Es i i weld y lle -cant a hanner o'dd 'i bris e. Wel ro'dd gen i hanner canpunt, a ro'dd 'da fi ragolygon i gâl cant arall.

Wel nawr, mi werthes i dreiler bach tu ôl y car, tŷ gieir, moto beic, a'r cowtsh a'r ddwy stôl o Jay's. Fi o'dd pia nhw erbyn hyn, ond beth dda o'n nhw? Ro'n nhw yn y parlwr, ond o'n nhw'n bethe gwerth gormod o arian i neb 'u defnyddio nhw. Ro'dd ofan ar bawb ishte arnyn nhw. Ro'n nhw'n bethe rhy ddrud i edrych arnyn nhw bron. Rhois i bysbyseb yn y papur lleol, ond dim sôn bod neb yn dod i brynu'r pethe. Ond ymhen tair wthnos, fe werthes y cyfan am £90.

A nawr, yn y cyfamser eto, o'n i wedi safio deg punt. Ro'dd gen i gant a hanner nawr i dalu am y lle 'ma. Es i lawr i Bontshân ac fe dales gant a hanner am y lle.

Wel o'dd rhaid mynd ynghŷd â hi nawr i adeiladu'r hen le. Ro'dd y beudŷ a'r tai mas i gyd yn fflat ar y ddaear. A do'dd dim tô ar y tŷ byw -ro'dd y gwellt wedi cwympo. Ro'dd yr hen dŷ wedi mynd â'i ben iddo.

Cyn symud i Bontshân nawr, ro'n i wedi prynu coeden fawr -Sgotshen- gyda boi o'r Borth. Ac es i â'r goeden i'r felin lif yn Dole i'w llifio, a hynny yn haf Seisonig '49. Ond ro'dd dŵr yn brin, a do'dd y felin ddim yn gweithio'n iawn, a nawr o'dd rhaid symud y goeden o'r felin lif yma i felin lif arall yn nes adre. Dyma fynd â lori lan i'w nôl e, ond ro'dd y goeden mor fawr ac mor aruthrol fel na alle gyrrwr y lori a finne mo'i chodi hi ar gefen y lori. A whare teg i berchen y felin lif, fe brynodd e'r goeden gen i am ddecpunt. A dyna'i gyd o'n i wedi'i roi am y goeden o'dd gwitho tair ffenest -do'dd dim arian yn y busnes o gwbwl.

Ar y ffordd nôl o'r felin lif, fe brynes i beder ffenest am beder punt, deuddeg a chwech, ym Mhlas yr Hafod. Ro'n nhw'n gwneud i ffwrdd â Phlas yr Hafod, y'ch chi'n gweld, ac fe brynes i goed 'na hefyd i wneud pen i'r tŷ.

Wel dyma gyrradd Pengelli, a dechre ar unwaith ar y gwaith mawr o ail-godi'r lle. Rhoddes i ddwy o'r ffenestri i fewn yn y tŷ, ac o'n i'n llifio'r coed, a'r tŷ yn dod mlân yn dda achan -popeth yn hyfryd iawn. A ro'n i'n gwitho bob cyfle o'n i'n 'i gâl -gwitho'r dydd, gwitho'r nos, a hyd yn oed ar fore dydd Sul. Ro'n i fel bwch gafr ar y llechwedd yn tresio, a'r ddaear yn ddrain ac yn fieri i gyd. Ro'n i fel bwch gafr fan'ny a chot oel amdana i yn y glaw yn tresio ar fore dydd Sul. Stryd Gelli Gron o'dd y stryd o'n i'n gwitho ynddo fe ym Mhontshân, a dâth hyn i'm meddwl pan o'n i'n gwitho fan'ny ar fore dydd Sul:

Lan, lan yn Gelli gerllaw Gelli Gron
Lisi a'r plant sydd yn byw,
Heb ond y rhacsach a'r gieir ym mhob man-
Neb i ddweud am Dduw.

Wel nawr o'dd pethe'n mynd yn braf.

Ond yn y cyfamser, ro'n i wedi prynu grat gwerth tair punt ar ddeg. Do'dd 'da fi ddim arian i dalu amdano fe, a'r wraig yn cadw swn, a dyma ddechre codi hen gownt. Ond o'n i'n ddigon cysurus. Ro'dd gen i ragolygon eto. Ro'dd gen i ddwy ffenest fawr dros ben, a fe'u gwerthes i nhw, a fcis, i Wil 'y nghyfell yn lle Ostin Sefn. Do'n i ddim am redeg yr Ostin Sefn, ond o'dd 'da fi mwy o obaith i werthu'r Ostin Sefn na'r ddwy ffenest.

O'dd 'da fi brynwr i'r Ostin Sefn, a wi'n cofio un bore arbennig -bore Sul-ro'n i'n pwmpo olwynion yr Ostin Sefn, a fe dorrodd y pwmp. A nawr ro'dd Sais yn byw yn ymyl tŷ ni, a chan 'i fod e'n ŵr bonheddig, a chan fod car gydag e, ro'dd e'n bur debygol y bydde pwmp car gydag e. Ar ôl gofyn iddo fe, fe ddealles i oddi wrtho fe -ro'dd e'n drychid i'r llawr- na fydde fe'n fodlon menthyg y pwmp, ac fe wedodd e wrtha i, "It's against my policy to lend things" -a dyna ddechre anghydfod rhyngdda i â'r Sais- "...but I'll give you the pump for this time." Cystal â dweud, Paid â dod ffordd hyn eto. Ac fe wedes inne wrtho fe, "Well I came here this morning against my will, but I won't come here any more." A fe ges i'r pwmp, ac fe es i â'r Ostin Sefn i'w werthu, ac fe ges bymtheg punt amdano fe. Wel y peth cynta wnes i bore dydd Llun o'dd mynd lawr gyda'r hyn o'dd yn ddyledus am y grat, a chadw'r bunt neu ddwy o'dd dros ben. Wel o'dd hwnna'n ffordd o ddod mas ohoni, on'd o'dd e?

Wel erbyn hynny, ro'n i wedi prynu buwch, a rhywbryd yn y gwanwyn ar ôl hynny, fe âth y fuwch ar goll, a dâth yr un Sais ata i un pnawn, a dweud, "I've brought your cow back. That cow you had was a bit of a nuisance, and your fencing is bad you know." Wel ro'n i wedi gwylltio nawr, ac fe wedes i wrtho fe,

"The fencing was very poor where you came through -Offa's Dyke, and it's time for us Welshmen to go there and mend it!" A dim ond 'i sodle fe weles i.

Ar ôl codi'r hen dŷ, a châl y cwbwl i drefen, fe gliries i'r llechwedd 'ma o'dd ger y tŷ -rhan o'r wyth cyfer o'dd gen i- ac wedi 'i aredig e, fe blannes i hade a rêp ynddo fe. Wel do'dd dim gwaith i'w gâl nawr y'ch chi'n gweld. Ro'dd hi'n aea'caled, a thrwy'r gaea', efalle mai dim ond rhyw bymtheg swllt fydden i'n 'i ennill. A nawr fe ddâth gwaith yn Aberporth, ond ro'dd angen moto beic arna i cyn allen i fynd yno i witho. Ond cyn câl moto beic, ro'dd rhaid câl arian. Ro'dd un ar werth yn y pentre, a ro'n i wedi bargenna â'r gwerthwr am dair punt ar hugen.

Nawr o'dd 'da fi ddim tair punt ar hugen i gâl, ond do'n i ddim ishe dweud hynny wrth y gwerthwr, ac fe wedes i wrtho fe mai yn y Post Office o'dd hynny o arian ag o'dd gen i, a bod rhaid hala bant amdanyn nhw ac y cymere fe tua wthnos i gâl yr arian. Hynny yw, os nad wyt ti'n bwysig, ymddangosa'n bwysig.

Ro'dd hyn yn nechre Ebrill, a do'n i ddim yn gysurus o gwbwl. Ro'n i'n codi neuadd lawr yng Nghaerwedros, a ro'dd y ffaith fod ishe arian arna i yn gwasgu ar 'y meddwl i, ac fe gerddes i o'r gwaith un amser cino i ofyn am fenthyg ugen punt gan fenyw yn Synod Inn. Ro'dd hi'n fenyw garedig iawn. Os o'dd yr arian i gâl gan honno, fe gesen i nhw. Ac fe wedodd y fenyw fach wrtho i, "Wel wir, fe gethet yr ugen punt gen i, ond rwy newydd fenthyg yr union swm i rywun arall."

Penderfynes i wedyn fynd i weld rhyw wraig arall, a dyma fi'n dweud y stori am yr ail waith wrth ŵr y tyddyn ar y clôs. Ro'dd hwnnw'n gwrando gyda diddordeb, ac fe feddylies i nawr fod pethe'n gwitho'n iawn, a dyma fi'n mynd mewn i weld y wraig. Adroddes i'r stori y trydydd tro, ac fe wedodd honno, "'Set ti'n yfed llai o gwrw, bydde dim angen iti ddod ata i i ofyn tair punt ar hugen." A dyna ddiwedd ar hynny.

Ond cyn cychwyn am adre -ro'dd awl milltir 'da fi i gerdded- fe es i i weld dyn arall ym Mhontshân, ac fe wedodd hwnnw fod 'i wraig wedi benthyg deg punt ar hugen i rywun rhywbryd, ac heb gâl yr arian yn ôl, ac na fydde unrhyw iws i fi ofyn. A fe ês i adre yn ddiflas iawn, ac fe wedes wrth y wraig fod y cwbwl ar ben, ond cyn 'i phaco hi lan wedes yr elen i lawr i weld y cynghorydd lleol. Dyna wnes i, a chyn bo' fi hanner ffordd trwy'r stori, fe ges i fenthyg tair punt ar hugen gydag e.

Wel fe ges i'r arian, ac fe brynes i'r moto beic er mwyn mynd i witho yn Aberporth. Ro'dd 'na dipyn o arian yn ddyledus i'r sawla o'dd wedi aredig y llechwedd, ond fe ddâth y rêp a'r hade yn bethe mowr, ac erbyn yr Hydre, ro'dd gen i bedair punt ar ddeg o'n arian 'y nhunan dros ben ar ôl talu'r ddyled. Oherwydd ro'n i wedi ennill cymaint â phum punt ar hugen yr wthnos yn Aberporth.

Ro'n i'n arfer dechre am Aberporth am saith o'r gloch y bore. Ro'dd yr hen foto beic yn hen y'ch chi'n gweld -hen iawn, hen A.J.S.1927- ac o'n i'n gorfod dechre tipyn cynharach nag o'dd rhaid rhag ofn y bydde'r hen feic yn torri lawr. A wi'n cofio un bore teg, ro'n i'n meddwl, Je, dyma feic sy'n werth yr arian.

Ond ar y ffordd, fe glywes i rywbeth yn dod bant. O'n i'n meddwl fod y whîl gefen wedi dod bant, ond y gêr bocs o'dd hi, a'r tshaen yn rhydd ac ar lawr. Atgyweiries i'r beic fan'ny, a mynd i'r gwaith -ac ymfalchïo yn yr hen foto beic.

Un tro yn yr hydre, ro'dd gen i dipyn o arian, ac fe es i lawr i mart Llanybydder, a phrynu eidon bach, a thalu amdano fe. 'I bwrpas e o'dd i fyta'r rêp 'na yn y caëe, fel na ele fe ddim yn ofer. Weles i'r cynghorydd yn y mart, ac fe wedes i wrtho fe bod chwant arna i i brynu dou greadur arall, ond fe wedodd e wrtha i, "Paid â'u prynu nhw -fe gei di ddwy anner gen i". Ac fe es i adre gyda'r eidon a'r ddwy anner. "Paid â becso," medde fe, "-fe gei di dalu amdanyn nhw pan werthi di nhw".

Ro'dd hyn yr yr hydre. Wel erbyn mis bach, ro'dd y cynghorydd wedi prynu'r eidon a'r ddwy anner yn ôl gen i, a ro'n nhw wedi tewhau cymaint yn y cyfamser, fel ro'dd gen i ddeigen punt o elw ar ben y peder punt ar ddeg. Ro'dd llewyrch ar bethe. A'r un dyn o'dd wedi benthyg y £23 ag o'dd wedi rhoi'r ddwy anner i fi. Ma' dynion caredig i gâl, on'd o's e?

Wel dyna i chi beth o'n hanes i ar adeg prynu Pengelli. Ro'dd hi'n amser cymhleth iawn, ac anhawstere ariannol yn poeni dyn o hyd. Ond dyna fe, dyna beth yw byw yntefe -y busnes 'ma o fyw.

****

Un tro, pan o'n i'n byw ym Mhengelli, ro'n i ishe cywion, a dyma fynd draw i farchnad Caerfyrddin yn weddol fore. Wedi dod o hyd i'r stondin gywion, dyma gâl gair bach gyda'r dyn o'dd yn gwerthu cywion. Ac mi ddes i'n gyfeillgar â'r dyn, ac o'n ni'n câl llawer o bleser o siarad â'n gilydd fan'ny -do'dd neb llawer o gwmpas y lle y'ch chi'n gweld. Fe gymerodd y dyn ffydd ynddo i yntefe, a gofynnodd i fi wedyn a fydde gwahanieth 'da fi aros fan'ny am eiliad tra ele fe rownd y gornel i'r geudŷ. Ro'dd e am i fi gymryd gofal y stondin a'r cywion. Yn y cyfamser, ro'n i wedi bod yn trio prynu'r hwyed a'r cywion a'r ceiliogod, a ro'dd e wedi dweud y prisoedd ac wedi dangos y ffordd. Os o'n i'n prynu'r hwyed 'ma, o'dd deg ceiliog dros ben i fod am ddim. Ro'n i wedi deall 'i dechneg e o werthu 'i bethe.

Ar ôl iddo fe fynd, daeth dwy fenyw, a dealles ar un waith fod y ddwy fenyw hynny wedi gadel catre i fynd i'r farchnad i Gaerfyrddin i brynu hwyed. Hwyed o'n nhw moen, costied a gostio. A nawr dyma fi'n dechre siarad nawr yn yr un dull â'r dyn o'dd yn gwerthu. Dealles i mai hwyed i ddodwy o'n nhw moen, ac fe wedes i, "Wel dyma'r hwyed. Dyma'r hwyed sy am ddodwy. Ma'r rhein yn geind arbennig am ddodwy. Ma'r rhein yn rai arbennig iawn." Nawr ro'dd y dyn wedi dweud mai pymtheg swllt o'dd pris y bocsed hwyed hynny.

"Pum swllt ar hugen," wedes i, "yw pris yr hwyed 'ma, a ma' 'na ddeg ceiliog am ddim dros ben."

"A wyt ti'n meddwl y cymere hwn ach?" gofynnodd un i'r llall. "Gwna hast wir," medde'r llall, "-wi moen dala'r bys. Dim ond deg munud sy gyda ni." A wir i chi, fe brynodd y menwod y bocsed hwyed am bum swllt ar hugen.

Fe ddâth y dyn bach nôl, ac fe roddes i'r pum swllt ar hugen iddo fe -o'n i ddim mor ddiened â chadw'r wheigen- a wir i chi, fe es i adre'r bore 'ny gyda bocsed mawr o geiliogod am ddim o dan 'y nghesel.

****

Pan o'n i'n gwitho yn Aberporth -ar adeg adeiladu Pengelli- a phan o'dd dyn yn gwitho fel'ny fel sâr mewn gwaith garw, gwaith concrît, o'dd traul ar y dillad a'r trowser a'r oferôl a'r got fach. Ro'dd rhaid bod 'y nillad i'n rhacs, a wi'n cofio arna i'n galw un tro mewn tafarn yn Llanarth, a 'nillad i yn rhyfedd iawn o aflêr a rhacs. Ro'dd pawb yn raenus yn y dafarn, a phawb ar 'i ore, ac o'n i'n teimlo'n ymwybodol o'r ffaith fod 'y nillad i yn y fath gyflwr, a dyma fi'n troi rownd a dweud 'mod i'n flin 'mod i wedi dod mewn fel'ny, ac y dyle dyn fel fi, o'dd wedi'r cwbwl yn ennill peder punt yr wthnos, gâl gwell dillad amdano fe.

A ro'dd rhyw hen gardotyn 'na, ac fe deimlodd drosto i. Ro'dd e'n meddwl 'mod i'n hollol ddiffuant, ac fe wedodd bod cot iawn gydag e, a bod gwell trowser gydag e. Fe dynnodd 'i got fach e i ffwrdd, ac fe wnâth i fi wisgo'r got fach, a chymryd y got rhacs 'i hunan. Wel buodd e bron â gwneud i fi newid trwseri yn y fan a'r lle. Fe ddwedodd wrtho i i dynnu 'nhrowser rhacs i i lawr, ac i wisgo'i drowser cyfan e: ro'dd e'n llawn tosturi.

Ond ar ôl mynd adre, ro'n i'n teimlo fod smel wedi glychu -smel hen- ar y got o'n i newydd 'i gâl, a thrannoth lawr yn y gwaith, fe werthes i ddi am rhyw bymtheg swllt i ryw Wyddel, a ro'dd e'n falch iawn ohoni. A nawr o'dd hwnna'n ddigwyddiad o fath gwahanol on'd o'dd e?

****

Wi'n cofio arna i un tro yn câl 'y nghyhuddo. Ro'n i'n grwt tua pymtheg ôd nawr, a ro'dd siopwr y pentre newydd brynu moto beic Triumph mawr, a fe ofynnodd i fi a hoffen i fynd lan i'r gogledd am dro gydag e ar gefen y beic. Ro'dd mam yn prynu llawer iawn o fwyd gydag e, a ro'dd e moen talu rhyw gydnabyddieth trwy roi tamed bach o wylie i fi. Wel wedi cyrradd Aberystwyth, fe alwon ni yn Woolworth. Ro'dd y dyn 'ma nawr ishe rhywbeth arbennig iawn ar gyfer y lle ro'dd e'n mynd i aros, sef côt-hangyr. A nawr o'dd rhaid i finne brynu côt-hangyr hefyd, i gâl bod yn barchus yr un peth â'r dyn 'ma. Wel fe brynes i'r côt-hangyr, a thalu swllt amdano fe -ro'dd e'n un hyfryd iawn- a cherdded mas. Ro'dd y boi gyda'r moto beic wedi mynd mas o'm mlân i, a phan o'n i'n mynd trwy ddrws Woolworth, dâth manijer Woolworth lan ata i a 'nghyhuddo i o ddwyn y côt-hangyr. Wel fe wedes i wrtho fe, "Fe dales i swllt am y côt-hangyr, ac os nad y'ch chi'n credu, ewch nôl at y ferch." Wel dyma ni nôl at y ferch. "Y'ch chi'n cofio arna i'n prynu'r côt-hangyr?" wedes i wrth y ferch. "Dales i amdano fe?" "Naddo," medde hi. Wel o'dd hi'n 'y ngwneud i'n leidir nawr on'd o'dd hi? A nawr o'dd rhaid câl polis.

Ethon nhw â fi at y Polis Steshon, a'r côt-hangyr gyda fi. A nawr o'dd amser yn mynd hibo nawr, a'r gŵr bonheddig yn aros tu fas o hyd ar y moto beic yn disgwyl i fi ddod. Ac o'n i yn y Loc Yp nawr yn Aberystwyth, fi a'r côt-hangyr, ac wedi câl 'y nghau i fewn fan'ny. Wrth 'y nhunan o'n i nawr yntefe. "Wel wyt ti mewn trwbwl nawr," o'dd rhywbeth yn gweud 'tho i, "-tria ddod mâs ohoni." Ro'n i'n edrych o amgylch yr ystafell, a lan draw fanna yn yr uchelder o'dd 'na damed bach o ffenest. Llygades i'r ffenest 'ma nawr, a thrio'i mesur hi, a thrio gweld os basen i'n gallu dod mas 'se'n i'n gallu mynd lan at y ffenest. Ro'dd e'n drueni mawr 'da fi am y gŵr bonheddig a'r moto beic yn aros o flân Woolworth o hyd, a dyma fi'n mynd ar 'y nghwrcwd cymryd un sbonc, a tasgu lan am y ffenest, ac o'n i wedi câl gafel yn y ffenest, ac o'n i'n hongian fan'ny nawr, a phwy ddâth ar y gair, ar yr union amser o'n i'n mynd mas trwy'r ffenest, ond y polis. A ro'dd e'n tynnu 'nghôs i, ac yn halio wrth 'y nghôs i, yn tynnu 'nghôs i, a chi'n gwbod shwt o'dd e'n tynnu 'nghôs i? Yr un peth yn gywir â wi'n tynnu'ch côs chi nawr. A rhyw bethe bach felna sy'n ein gogles ni yntefe?

****

A dyma sut y des i ar draws y stori fach 'na nawr. Ro'n i'n gweithio yn Llambed tua Medi 1952 -hyn eto pan o'n i'n byw ym Mhengelli. Ro'dd hi'n ddydd Gwener, ac yn ddwarnod Show Llambed, a ro'n i newydd gâl 'y mhae. Ro'dd 'na Show fawr mlân yn Llambed bob blwyddyn -mae e mlân o hyd. Wyth bunt a saith a chwech o'dd 'y nghyflog i. Wel nawr, wedi câl yr arian, fe dynnes i'r saith a whech allan o'r pacyn, a'i roi e yn 'y mhoced, a rhoi'r pacyn pae â'r wythbunt ym mhoced ôl 'y nhrowser, ac anghofio amdenyn nhw.

Wel ro'dd tri ohonom yn gweithio gyda'n gilydd y pryd 'ny, a ro'n ni'n câl ein cario nôl a mlân i'r gwaith gyda'n gilydd. Ac yn naturiol ar ddwirnod y Show, dyma alw o un dafarn i'r llall yntefe, a'r tri ohonom yn mynd nôl i'n cartrefi y nosweth 'ny ar awr resymol. Es i i'r gwely, a phan ddâth bore dydd Sadwrn, dyma'r wraig yn gofyn i fi am y pacyn pae.

Wel ro'n i'n gwbod fod y pacyn pae yn ddiogel yn 'y mhoced ôl i, ond nawr pan es i i boced ôl 'y nhrowser, o'dd 'da fi ddim pae i gâl. O'dd e wedi mynd i golli. Ro'dd y wraig yn credu nawr 'mod i wedi gwario'r arian 'ma i gyd ar oferedd yntefe. Wel o'dd 'da fi ddim i'w wneud nawr ond 'i baglu hi o'r tŷ, a mynd nôl yr un ffordd ag o'n i wedi bod y nosweth cyn 'ny, a cholli bore o waith.

Galwes i yn y lle dewtha fues i, ac o fanna i bob tafarn o'n i wedi bod ynddo fe. Do'dd dim sôn am yr arian, a fe âth un tafarnwr mor bell ag arllwys 'i ddystbin i gâl gweld a o'dd e wedi brwsho'r pacyn pae trwy gamsyniad iddo fe. Helynt fawr, a whilo ym mhob man. Galw yn y Polis Steshon i weld a o'dd hwnnw wedi câl gafel ynddo fe. Dim i gâl. Dim sôn. A mynd gyda dyn y cwningod lawr i'r ffarm lle o'n i wedi câl reid yn hwyr y noson cynt, i weld a o'dd y pacyn pae wedi dod mas yng ngwt y car bach 'ma. Dim i gâl fan'ny. A mynd o gwmpas y lle, a gweud yn stori wrth y bobol wrth fynd o amgylch gyda'r dyn cwningod 'ma. Un fenyw fach yn rhoi hanner coron i fi, ac yn cydymdeimlo'n fawr. Menyw fach arall yn gweud 'tho i fod llawer iawn o bethe felna wedi digwydd i'w gŵr hi, a hithe eto yn rhoi hanner coron i fi. Ro'dd tipyn o'r saith a whech ar ôl yn 'y mhoced i o hyd y'ch chi'n gweld, ond o'dd yr arian yn fwy nawr wrth 'mod i'n dweud 'y nghwyn, a bobol yn tosturio wrtha i.

Ond do'dd ambell i fenyw ddim yn credu, ac fe ddwedodd un fenyw y stori a ddwedes i uchod, am y dyn a'r moto beic a'r helynt ynglŷn â'r côt-hangyr.

Wel nawr, cyrradd nôl i Bontshân yn ddiflas iawn, heb wbod shwt o'dd wynebu catre heb yr arian yntefe. A dyma benderfynu mynd i'r dafarn i anghofio'r gofid. Ces i dipyn o hei leiff ar draul bobol erill, a chyrradd nôl yn hwyr gatre i Bengelli. Ro'dd ofan arna i fynd i'r tŷ -o'n i'n ddyn euog on'd o'n i? Eto, o'n i'n gwbod nad o'n i ddim wedi gwario'r wythbunt, ac yn lle mynd i'r tŷ, aros a llechu tipyn mewn rhyw hen racsyn o gar, a meddwl tybed shwt o'n i'n mynd i fagu nerth i fynd i'r tŷ.

Ond cyn pen cwpwl o funude, o'dd 'y ngwraig wedi clywed sŵn yn y tipyn rhacsyn car, a dyma hi'n dod mas fel 'tae, â llawenydd -llawenydd achan- ar ei hwyneb. Ro'n i'n câl mynd i'r tŷ gyda balchter. A hyn o'dd wedi digwydd. O'dd rhaid 'y mod i wedi tynnu'r arian mas o'm mhoced wrth fynd i'r gwely, a'i roi e yn jwg y woshing stand. Ro'dd hwnna'n profi 'mod i'n hollol ddidwyll ynglŷn â'r arian. Ro'dd yr wythbunt yn ddiogel; ro'n i wedi câl llond bola o gwrw ar draul rhywun arall; a ro'n i wedi câl mwy o arian wedyn wrth ddweud y stori.

****

Un bore teg a hyfryd ym mis Mai, fe ddigwyddodd ambell i beth go gythryblus. Ro'n i wedi prynu hen fuwch ddu, â chyrne mowr da iddi. Ond âth y fuwch ar goll. Whilo'r fuwch ym mhob man, ond dim sôn amdani. Ond mlân tua hanner dydd, fe ffeindion nid yn unig bod y fuwch ar goll, ond bod y twlc gieir ar goll -hen dwlc pren mawr. Wel o'dd rhaid whilo mwy.

Wel nawr, hyn o'dd wedi digwydd y'ch chi'n gweld. Ro'dd y fuwch wedi mynd mewn i'r twlc i gysgodi o'r gwres, ond âth Robin y Gyrrwr ar ôl y fuwch wedyn. Wel o'dd rhaid i'r fuwch redeg ymhellach on'd o'dd. Alle fe byth â diodde yr hen Robin, ac fe ffindon mas bod y fuwch yn y cae ar bwys yr ysgol, a'r twlc ar 'i chefen, tua tunnell o gachu gieir yn y daflod uwchben y twlc, a rhyw ugen o ffowls yn hedfan o'i chwmpas. A fan'ny o'dd y plant yn chwerthin am ben yr hen fuwch druan. A'r drafferth fawr gethon ni wedyn o'dd câl y twlc nôl yn gyfan oddi ar gefen y fuwch, a'i roi e nôl lle'r o'dd e fod.

Ond os o'dd bywyd y fuwch mewn perygl, ro'dd 'y mywyd inne hefyd mewn perygl y bore hwnnw. Yn amal iawn, dyw e ddim yn ddiogel i fi fynd mas o ddrws y tŷ -ma' rhywbeth yn siwr o ddigwydd i fi. Hynny yw, Tomi Trybl y dyle'n enw i fod. Wel ro'dd y wraig nawr wedi bod yn golchi dillad, ac wedi gosod crys ar y llwyn fan'ny. A do'dd dim awel yn unman. Petaen i eiliad ynghynt, bydden i wedi câl yn chwythu lan. Hynny yw, ro'dd y crys 'ma ar y llwyn, a fe ddaeth awel dro, a reit o flân 'y nhrwyn i, dyma'r crys i fyny i'r uchelder, yn llawn gwynt. A'r pwynt yw, do'n i ddim llawer trymach na'r crys, wa'th o'dd e newydd 'i olchi, ac yn llawn dŵr. A fe âth e lan i'r uchelder, a dyma fe'n dod lawr o'r cymyle gyda sŵn gwynt dychrynllyd, ar 'i ben. a'r ffowls a'r ieir a'r mochyn a'r cwbwl wedi câl ofan.

Ond hyn yw'r peth y'ch chi'n gweld -ro'dd Ffawd gen i on'd o'dd e? Petaen i gam nes mlân, bydden i wedi mynd lan gyda'r crys i'r uchelder.

Yr adeg o'n i'n byw ym Mhontshân, ro'dd rhyw fath o gangen o'r Blaid gyda ni 'no, ac mi fydden ni'n cynnal ambell i noson lawen yn yr hen gapel, a'r hen le yn orlawn. Wel, ro'dd y cyfrifoldeb i gyd arna i: ro'n i'n gofalu am y piano; gofalu am y tân glo, a bod coed yn y festri yn ystod ac ar ôl y noson lawen; gofalu bod bwyd i'r sawl ag o'dd yn cymryd rhan; ro'n i hyd yn ôd yn gofalu bod oel yn y lampe. Wel o'dd gormod o gyfrifoldeb arna i i feddwl am yfed cwrw.

Wel beth wi'n trio cyfeirio ato nawr yw hyn. Pan wi mewn noson lawen, ac yn mynd i hwyl, ma' bobol yn meddwl mai dyn meddw ydw i. Ma' 'na ryw syniad gyda dynion 'mod i'n feddwl bob amser.

Ac i brofi hynny nawr, ro'n i wedi cynnal y noson lawen 'ma yn yr hen gapel, a'r cwbwl ar i fyny, a hwyl, a phawb yn teimlo'n gysurus. A'r bore trannoth, weles i ddyn o'r pentre, ac fe wedodd e, "Jiw, mi withoch yn dda nithwr Eirwyn. O'ch chi'n gwitho'n neilltuol o dda, ond o'dd ofan arna i yr ethech chi dros ben llestri. Oherwydd," medde fe, "o'ch chi'n feddw." Yn feddw!! -a minne heb yfed diferyn o gwrw yntefe. Ma' bobol yn cawlio lan y'ch chi'n gweld.

****

Un mater diddorol arall. Ro'dd noson lawen yn Aberaeron gyda'r Blaid ar yr un adeg ag o'n i'n cynnal y nosweithie llawen ym Mhontshân. A ro'dd y gynulleidfa mor fach yn Aberaeron fel y penderfynon ni gynnal y noson lawen ar y llwyfan. Ac mi fydden i'n sôn am rai o'r straeon, ac mi wedes i un stori arbennig am Ficer Penstwffwl (HYFRYD IAWN,t.36). Ma' hi'n ddigon chwaethus. Ond wir i chi, ro'n i'n sylwi fod rhai o'r menwod parchus yn cerdded mas o'r noson lawen. Ro'dd y stori hollol ddiniwed 'ma wedi'u cythruddo nhw.

Ro'n i lawr yn Llandysul trannoth ac fe weles i rhyw foi, ac fe ofynnodd y ferch fan'ny shwd noson lawen o'dd yn Aberaeron y nosweth cynt.

"Jiw," medde'r boi, "ro'dd hi'n noson lawen dda ofnadw, ond ro'dd un boi 'na o Bontshân, jiw fe wedodd e storïe gwael. Do'n i ddim 'na 'y nhunan -modryb i fi o'dd 'na- ond o'dd hi'n teimlo'n ofnadw am y storïe 'ma."

A wi'n cofio un tro rhyw ugen mlynedd neu ragor yn ôl, amser rhyfel. Ro'n i'n canu yr adeg honno gân o waith W.R.Evans, Y Rhegwr Genteel, a do'dd dim mwy ynddo fe na ryw, "Nid wy'n rhegi, beth mor andros, diain diain diain." Ond fe dramgwyddes yn ofnadw mewn un lle, ac ofynnon nhw byth wedyn i fi fynd i ganu i'r festri yna.

Fel ma' pethe wedi newid heddi. Dyw bobol ddim mor gul heddi ag o'n nhw ddeg, pymtheg, ugen mlynedd yn ôl. Ma'r culni'n dechre cilo, yntefe.

****

Wi wedi bod mewn llawer iawn o lefydd yn arwain cyngherdde yntefe -mewn neuadd ac mewn tafarn ac ym mhob man. Ond un tro, fe ges i wahoddiad i arwain cyngerdd mewn capel -a hyn o'dd y tro cynta eriôd. Wel wi'n siwr fod 'na ddwsenni o bobol wedi dod 'na yn unig er mwyn 'y ngweld i'n mynd dros ben llestri fel 'tae mewn capel. Ond fel o'dd hi'n digwydd bod, ro'dd gen i stôr o bethe cymwys at y gwaith. Ac fe gafodd y bobol bleser, ond llawer iawn wedi câl siom am na dramgwyddes i ddim. Ond diolch bod gen i stôr o bethe hyfryd yntefe, yn ogystal â phethe amrywiol.

Ond un tro, mi wnes i dramgwyddo'n fwriadol. Ro'dd 'na ryw ddawnsfeydd mlân o hyd, a ro'n nhw yn 'y mhoeni i byth a beunydd i roi rhyw eitem neu ddwy rhyng y ddawns, ond o'n i'n rhy brysur o lawer i'w helpu nhw. Wel es i lawr 'na un nosweth ta beth, ac er mwyn câl 'y mhen yn rhydd o'r hen job o'n i ddim ishe, dechreues i trwy adrodd y pennill hwn:

"O ryfeddodau mawr y byd
Y mwyaf ydyw hwn:
Paham mae mul yn cachu'n sgwâr
A thwll 'i dîn yn grwn?"

Wel fe dynnes y cwbwl ar 'y mhen, a'r holl bobol barchus a'r athrawon, ac ofynnon nhw byth i fi wedyn, a dyna sut y des i mas o'r trwbwl 'ny yntefe.

****

Ma' tamed bach o hiwmor yn ddefnyddiol iawn withe, hyd yn oed mewn busnes. Wi'n cofio arna i yn gwerthu rhyw hen fuwch unwaith -yr hen fuwch yna druan o'dd gyda'r hen dwlc, y tŷ gieir, ar 'i chefen. A nawr o'dd rhaid mynd lawr i'r mart yn Llandysul i'w gwerthu hi. A'r hen fuwch druan -un cynnig o'dd arni, sef wyth bunt ar hugen. Ro'n i'n meddwl 'i fod e'n rhy fach, a dyma fi'n codi lan nawr i roi gair bach o eglurhad. Ro'n i'n rhyfeddu atyn nhw, 'u bod nhw'n cynnig cyn lleied am y fuwch, oherwydd o'n i'n gweud 'tho nhw bod hen wraig mamgu newydd werthu milgi am dair mil o bunne. Mae'n wir 'i fod e'n un mowr -pan o'dd e'n gorwedd yn y catl-tryc, o'dd 'i ben e mas trwy'r top. A wyddech chi beth, âth y fuwch lan i bum punt a deugen. O'dd tamed bach o gelwydd a thamed bach o hiwmor yn ddigon i fywhau'r prynwyr.

****

Fe awn ni'n ôl nawr i'r byd Eisteddfodol, ag 'E' fawr, ac i Eisteddfod Aberystwyth. Fe ddigwyddodd llawer iawn o bethe i fi yn yr Eisteddfod honno, ond do's dim amheuaeth nad nos Fawrth o'dd y noson ryfedda yn yr wythnos i gyd. Ro'n i fod i adrodd yn noson lawen y Blaid, ac wrth gwrs, ro'n i wedi yfed tipyn bach o gwrw. Do'n i ddim wedi meddwi yntefe, ond wedi câl llond bola, a do'n i ddim yn teimlo'n ddigon da i wynebu cynulleidfa. Ro'n i'n gwisgo yr hen gap gwyn ar 'y mhen i, hen got oel drichwarter, cot law, ag 'R.C.' mawr ar 'i gefen e. Ro'n i'n gwitho ar y pryd gyda Richard Costain yn Aberporth, ac wedi câl y got fel'ny. A nawr o'n i ddim ishe gollwng y bobol lawr. Ro'n i'n moen mynd i'r noson lawen, ond o'n i ddim ishe 'u twyllo nhw yntefe. Ro'n i'n moen bod yn deidi a pharchus o'u blân nhw, a nawr fe gofies yn ddisymwyth bod finegr yn beth iawn i helpu dyn i gâl 'i hunan at 'i gilydd. Hen beth cas fydd i ddyn teidi wynebu cynulleidfa wedi meddwi yntefe.

A dyma fi'n cerdded lawr y stryd, a dyma fi'n dod o hyd i dŷ fan'ny â hen ffenest fawr. Do'dd mo'r cyrtens wedi'u tynnu, a ro'dd rhyw ddwy fenyw fan'ny yn câl swper ar y ford -rhyw ddwy Saesnes hyll o Birmingham ar 'u gwylie, allen i feddwl. A dyma fi'n cnoco'r drws, a neb yn dod i'r drws, a dyma fi'n cerdded fewn. A dyma fi'n trio egluro i'r ddwy fenyw 'ma nawr a allen i gâl y finegr o'dd gyda nhw yn y jar fan'ny. Wel fe feddyliodd y ddwy fenyw 'ma nawr fod rhyw ddyn rhyfedd wedi dod mewn nawr, a feddyliodd y ddwy fenyw 'mod i am 'u gwâd nhw, a bod rhyw griminal -rhyw flagard- wedi dod mewn. Ac fe gydiodd y ddwy fenyw ynddo i cyn 'mod i'n câl cyfle'n iawn i ddweud beth o'n i moen. Fe gydion nhw ynddo i ac fe daflon nhw fi mas gyda bollt ar y drws. Wel dyna fe, wel o'dd hwnna wedi 'nhynnu i at 'y ngilydd. O'dd hwnna wedi'n sobri i nawr, bod y ddwy Saesnes ddiawl 'ma wedi 'ngholero i a rhoi'r fath sioc i fi. A ro'n i'n teimlo'n iawn y gallen i wynebu'r gynulleidfa.

Pan es i i fewn i'r neuadd, o'n nhw'n galw'n enw i mlân i berfformo. A dyma fi'n cerdded mlân trwy'r gynulleidfa gyda'r hen gap gwyn ar 'y mhen, a'r hen got oel drichwarter â'r R.C. ar 'i gefen. A dyma fi'n mynd lan i'r llwyfan, a'r hen biano fan'ny, a 'na'i gyd wedes i o'dd dwy linell o adroddiad. O'dd y gynulleidfa'n gwichal. Ro'n nhw bown o fod yn credu 'mod i wedi whilo gwisg arbennig ar gyfer y show. Yn hollol naturiol, o'n i wedi anghofio tynnu'r cap a thynnu'r got, o achos ro'dd y ddwy hen fenyw 'ma wedi ypseto gymint arna i. A dyna fe, fe es i mas, a rhu encôr, a bloeddio, a'r lle yn banllefen 'na, a sŵn ofnadw. Ac fe gododd gymint o gywilydd arna i, fe es i mas trwy'r ante-rŵm, a nôl i'r llety yn yr ysgol yn ymyl y steshon. Ond yn yr Eisteddfod trannoth, o'dd hyd yn ôd yr hen bolis yn dod mlân ac yn dweud 'tho i, "De, fe withest yn dda nithwr yn y noson lawen!"

****

Yn y Babell Lên un prynhawn yn Eisteddfod Aberystwyth, ro'dd croeso i bawb ddod mlân i ddweud 'i stori. Nawr o'dd pobun yn mynd mlân i ddweud 'i stori, ac fe es i mlân i ddweud un stori am rhyw bregethwr yn mynd i ardal William Williams Pantycelyn i bregethu. Yn ôl y stori, y mae'r pregethwr yn cyrradd y Tŷ Capel nos Sadwrn, ac wedi mynd i fewn i'r Tŷ Capel, a châl ychydig bach o swper, dyma'r hen fenyw, gwraig y Tŷ Capel, yn hwpo i ben y pregethwr 'i fod e 'i gysgu i wely William Williams Pantycelyn 'i hunan.

"Wel," medde'r pregethwr, "hyfryd iawn. Braint ac anrhydedd fydd cael cysgu ac esmwytho tipyn yng ngwely y Pêrganiedydd 'i hunan. Braf iawn, hyfryd iawn o beth."

Ond yr un o'dd cân y fenyw. Gwneud i'r pregethwr ddeall, gwneud y pregethwr yn ymwybodol o'r ffaith 'i fod e'n mynd i gysgu i wely William Williams Pantycelyn. A do'dd dim arall gyda hi i'w ddweud trwy gydol y nos ond pregethu'r un hen gân drosodd a throsodd. Ro'dd e wedi diflasu ar yr hen fenyw a'i Phantycelyn.

"Cweit reit, pob parch i Bantycelyn," o'dd e'n dweud fel rhyw gloc.

A daeth hi'n ddeg o'r gloch, adeg mynd i'r gwely. A balch o'dd y pregethwr i gâl mynd i'r gwely o sŵn yr hen fenyw a'i Phantycelyn. O'dd e wedi câl llond bol ar yr hen greadur. Ond wedi mynd i'r gwely, a dechre cysgu ac esmwytho tipyn, dyma boenfa arall yn dod nawr. Dyma'r chwain yn dod nawr. Ond nid chwain fel chwain chi a fi, ond chwain fel chwain Penuwch, â'r penole gwynion mawr. Wnâth e ddim byd, dim ond dal a lladd chwain trwy'r nos. Chysgodd e ddim llygadyn. Ac fe gododd fore trannoeth a châl ychydig bach o frecwast. Os rhywbeth, ro'dd y fenyw'n wâth nag o'dd hi'r noson cynt. Ro'dd y fenyw nawr fel pe bai hi'n awgrymu fod 'na dâl arbennig i fod am gysgu yng ngwely Pantycelyn.

"Ie, hyfryd iawn," medde'r pregethwr. "Fe gysges i'n dda iawn meistres, ond tybed ai yn y gwely hwn y cyfansoddodd Pantycelyn yr emyn mawr iawn yna, 'Mae miloedd o rai aflan yn mofyn am y gwaed' ?"

Wel do'dd ryfedd yn y byd i Bantycelyn gyfansoddi'r emyn yna os mai yn y gwely yna'r o'dd e. Wel pwy o'dd yn y gynulleidfa yn gwrando ond Bob Owen Croesor, a ro'dd e'n gallu enwi'r pregethwr, a chofio'r adeg a'r cyfan. Ro'dd yr hanes yn llawn gydag e. Faint o'dd gwybodeth Bob Owen Croesor yntefe.

****

Un noson arall yn Eisteddfod Aberystwyth, cethon ni hwyl anarferol mewn tafarn o'r enw y Lion Royal (os dyna'r enw'n iawn). Ro'dd pawb ar 'i ore, a finne ar ben y gader yn pregethu ac yn dweud storïe, a hwyl fawr 'na. A ro'n i'n sylwi fod dwy Saesnes o'r Midlands rhywle â'r dagre yn rhedeg lawr 'u gruddie nhw, wedi chwerthin nes 'u bod nhw'n wan. Dyma nhw'n 'y ngalw i atyn nhw, a begian arna i a allen i ddweud rhywbeth wrthyn nhw yn Saesneg. Wel o'dd rheini'n teimlo'n dipyn gwahanol i'r ddwy Saesneg weles i cyn hynny pan o'n i ishe'r finegr. Ond efalle na fydde'r ddwy wedi 'ngholero i mas pe bydden nhw wedi bod gyda ni yn y Bliw Bôr, fel 'tae.

****

Ro'n i yn Eisteddfod Aberystwyth, a nawr o'dd yr hen gap o'dd gen i braidd yn ddiran: o'dd rhaid i fi gâl cap newydd. Es i o amgylch y gwahanol siope, ond ro'dd pob cap weles i yn rhy dywyll -hen gape tywyll iawn o'n nhw i gyd. A'r unig gap gweddol agos at yr hyn o'dd gen i mewn golwg o'dd cap hollol wyn, a fe brynes i e am bedwar a naw. A nawr fe wisges i'r cap, a mynd tua'r Eisteddfod. Wel ro'dd pawb ar y maes yn edrych arna i -pawb yn sylwi ar y cap. A nawr o'dd pawb wedi lico'r cap mor ofnadw, fe wisges i'r cap byth oddiar 'ny, a byth mynd i un Eisteddfod hebddo fe. Ma' tipyn o oedran ar yr hen gap nawr, a mae e gen i o hyd, ond fydda i byth yn 'i wisgo fe nawr ond at Eisteddfod.

Mi fydde'r cap yn ddefnyddiol iawn ar un adeg mewn gwahanol nosweithie llawen. Wi'n cofio arna i un tro yn cyrradd rhyw noson lawen yn hwyr -wi'n credu mai lawr yng Nghastell Newydd o'dd e. Ag o'n i'n pipo man'ny yn nrws y llwyfan, a dyma fi'n penderfynu taflu 'nghap fewn i weld a o'dd croeso i'r cap. Wa'th os o'dd croeso i'r cap, o'dd croeso i fi. A nawr pan es i at y cap, ro'dd y dorf yn gwichal gyda llawenydd, wrth weld y cap yn dod fewn gynta, a finne'n canlyn. O'dd hi'n ffordd iawn o greu awyrgylch mewn noson lawen, on'd o'dd?

A wi'n cofio arna i'n cyrradd llwyfan yn Llambed. A nawr o'dd 'y nghap ar 'y mhen yntefe, ac yng nghefen y llwyfan, ro'dd 'na lun o fachyn. Wel dyma fi'n tynnu 'nghot nawr, a 'nghap, a thrial 'u hongian nhw ar y bachyn. O ochor y gynulleidfa, ro'dd llun y bachyn wedi'i beinto mor dda, o'dd e'n naturiol iddyn nhw i feddwl fod 'na fachyn iawn 'na i gâl, a fan'ny o'dd yr hen gap yn cwmpo o hyd. A fel'ny, ro'dd y bobol wedi câl hwyl ar y peth, ac o'n i'n gallu mynd mlân yn ddiffwdan ar y gwahanol straeon, a do'dd dim ffordd i fynd yn rong ynago'dd? A ma' rhyw bethe bach felna yn ddefnyddiol ar adege.

****

Rhyw ddeg swllt ar hugen o'dd gen i yn mynd i Eisteddfod Aberystwyth, a ro'n i wedi bwriadu dod nôl yr un diwrnod, sef dydd Mawrth. Ond ro'dd hi nawr ynr fore Gwener, a'r arian wedi mynd yn brin, a finne heb ddweud wrth y wraig 'mod i'n aros. Ro'dd yr hwyl mor fawr, âth y tri pedwar diwrnod heibio fel pnawn. Beth bynnag, ces i frecwast fore Gwener yn yr ysgol 'ma lle'r o'dd pawb yn aros. Bwceded mowr o domatos wedi câl 'u berwi fan'ny. Wel o'dd e'n beth mowr i grwt o'r wlad i weld bwceded o domatos wedi'u berwi yntefe. Dyna o'dd bwyd y bobol i frecwast. Wel dyna fe, ro'dd yn rhaid i fi fyta'r tomatos, ond do'dd dim arian 'da fi i dalu am y peth. A nawr, pan es i mas o'r lle 'ma, dyma'r boi o'dd yng ngofal yr ysgol -rhyw Sgotyn- yn dod ar 'yn ôl i i gâl tâl nawr am y dyddie o'n i wedi bod 'na. Wel do'dd dim gobeth 'da fe i gâl yr arian, achos o'dd dim arian 'da fi i gâl.

Do'dd dim byd i'w wneud nawr ond 'i baglu hi, a'i baglu hi wnes i trwy'r dre, a'i bwrw hi hibo Woolworth, ond ro'dd y dyn yn sodli. Ro'dd e'n dod o hirbell ar 'yn ôl, a feddylies i nawr, mae'n rhaid i fi wneud rhywbeth, neu mae e'n mynd i 'nal i. A beth wnes i o'dd tynnu'r hen gap gwyn oddi ar 'y mhen i. Ro'dd e'n ddigon rhwydd iddo fe 'nilyn i, oherwydd o'n i'n wahanol i bawb arall. Wel tynnes y cap i ffwrdd, a chollodd y dyn fi. Erbyn hynny, ro'n i wedi mynd nôl i ymyl y steshon; es i mewn i'r bys, âth y bys bant, a'r Sgotyn 'ma yn curo gwydyr y bys. O'dd e'n rhy ddiweddar. Gwisges i 'nghap unwaith eto, ac adre yn iach 'y ngwala. A rhyw ramant felna.

****

Mae un sefydliad mawr wedi dod i fod yn ystod y blynydde wedi dechre mynd i'r Eisteddfod. Cwrddes i â Harris Thomas a Stella yn Eisteddfod Aberystwyth, a'r fath beth yn hanu o'r Eisteddfod honno â Undeb Cenedlaethol Tancwyr Cymru. A dyma lythyr yn dod i fi rhyw fore oddi wrth Dennis yn sôn bod cyfarfod hanner-blynyddol Undeb y Tancwyr i fod -do'dd e ddim yn ddigon i'w gynnal e unwaith y flwyddyn yn yr Eisteddfod. Ag o'dd cyfarfod mawr i fod o Undeb y Tancwyr gyda'r Parchedig Abednego Jones, Capel y Wiwer, Rhydamman i areithio ar y testun, 'Dylanwad Syr John Buckley ar y Bywyd Cymreig'. Ar ôl y cyfarfod mawr ac arloesol yna -ro'dd hi fel diwygiad 'na- do'dd dim atal ar dŵf yr Undeb. Cynyddodd y rhif aelodaeth o flwyddyn i flwyddyn, a'r mudiad yn mynd o nerth i nerth, a daeth ail uchafbwynt yn Eisteddfod Pwllheli, ar lwyfan y Palladium mewn rhyw noson lawen, pan gyflwynodd Harris Thomas faner fawr Undeb y Tancwyr. Ro'dd e rhyw lathed o hyd a deunaw modfedd o ddyfnder, a chlobyn o beint mawr o gwrw ar dop y faner, a'r arwyddair, Hei Leiff, yntefe -Beth yw Cost lle mae Cariad. A ma'r Undeb, wrth gwrs, yn dal i fynd.

Wel nawr, y mae gan y sefydliad hyfryd hwnnw, Urdd Gobaith Cymru, ei arwyddair. Hynny yw, Byddaf ffyddlon i Gymru a theilwng ohoni, i'm cyd-ddyn pwy bynnag y bo, ac i Grist a'i gariad ef. Ond ein harwyddair ni fel Undeb y Tancwyr yw: 'Hei Leiff, fi a Walter Pantybarlat yn y Bliw Bôr, Yfwch Lawr Bois, Beth yw Cost lle mae Cariad?' A nawr, y mae gan Urdd Gobaith Cymru hefyd ei hanthem; ond y mae gan Undeb y Tancwyr hefyd ei anthem, a dyma hi:

ANTHEM GENEDLAETHOL UNDEB CENEDLAETHOL TANCWYR CYMRU

O mae pethau gwych mewn stôr
I yfwrs trwm y Bôr
Pan ddaw Walter Pantybarlat ar y sbri:
Y'ch chi'n barod Mrs Morgan -
Ma'r Sais yn chwythu'r organ,
Wel nawr 'te gyda'n gilydd un dau tri:

CYTGAN
Hei leiff yw y gân
Pan ddaw Dennis a Pontshân,
Cwrw Cymru ydy'r cwrw gore sy'.
Daw y Ficer o Benstwffwl
I dalu am y cwbwl:
Undeb y Tancwyr ydym ni.

Os yw Mari'n cadw'r jam
Dan y babi yn y pram,
Os yw Ned a Madam Patti yn y ne',
Fe ddaw eto halu ar fryn -
Os na ddaw hade fe ddaw chwyn:
Awn yn ôl i'r botel jin tan amser tê.

/trosodd

O fydd neb yn cyfri'r gost
Nac yn achwyn bola tost
Pan ddaw stiwdent Pantycelyn yn ei ôl;
Os yw'r beinder dan y baw
Fe ddaw'r inspector maes o law
Gyda brenin mawr y buarth yn ei gôl.

Ond y mae gan Undeb y Tancwyr un peth sy ddim gan Urdd Gobaith Cymru, sef Llawlyfr Moliant. Dyma'n awr un emyn allan o Lawlyfr Moliant Undeb y Tancwyr -emyn yr ydym yn hoff iawn o ddechrau cyfarfod gydag e- sef emyn dwy whîl, dwy shafft a chambo, i'w ganu ar y dôn un, dau dwll, ag un:

"O frigau coed fale ceir gweled
Holl daith y sgwarnogod i gyd:
Pryd hynny caiff y milgwn eu rhyddid
I'w dala a'u bwyta i gyd."

****

Nawr ro'dd 'na foi yn byw ochor arall yr hewl i ni ym Mhontshân, a ro'dd 'dag e fiwsical bocs i'w werthu. Ro'dd e ishe arian. Ro'dd y miwsical bocs yn un hen iawn: ro'dd e wedi'i wneud yn Geneva rhyw dri chan mlynedd yn ôl, a ro'dd e'n canu rhyw Ten Airs persain iawn. Wel fe wedes i wrth y boi 'ma mai dim ond un boi fydde â diddordeb mewn prynu'r fath beth â miwsical bocs, sef rhyw foi lan yn Synod Inn. A dyma fynd lan i nôl y bocs. Ond do'dd y boi 'ma ddim ishe i'w wraig 'i weld e'n câl gwared â'r bocs, a'r unig ffordd o'i wneud e o'dd iddo fe gerdded trwy'r caëe â'r miwsical bocs ar 'i gefen, ac i finne i gwrdd ag e ar y moto beic lan y tu fas i Pontshân. Dyna 'nethon ni, a mynd i Synod Inn ar y beic, ond do'dd y boi o'dd fanna ddim ishe'i brynu fe. Ond wedodd e y bydde rhyw bregethwr fanna ishe'i brynu fe, a dyma fynd at hwnnw. Ond do'dd y pregethwr ddim yn hoffi'r ddau gymeriad o'dd yn gwerthu'r miwsical bocs -o'dd e'n ein drwgdybio ni ac yn ofni mai lladrad o'dd y peth.

Wel nawr, methiant o'dd mynd lan i Synod Inn i werthu'r miwsical bocs. Ac wedi mynd mewn i'r dafarn fanna, ac yfed tipyn o gwrw, fe brynes i'r miwsical bocs gydag e am wheigen. A nawr, yn lle cario'r hen fiwsical bocs nôl i Bontshân ar gefen y moto beic, gadewes i e yn yr efel yn Synod Inn, oherwydd ro'n i'n mynd trannoth lan i Eisteddfod Y Rhyl ar y moto beic, a gallen i alw ar y ffordd am y bocs a mynd ag e gen i. A'r syniad o'dd gen i o'dd gwerthu'r bocs eto -bydden i'n siwr o gâl 'i wared e mewn rhyw Bôn Shop neu ryw siop ail-law o man'ny i'r Rhyl, achos ro'dd 'na un siop arbennig yn Aberystwyth.

A nawr dyma fi'n cychwyn bore trannoth am bump o'r gloch lan i'r Rhyl ar gefen y moto beic gan fwriadu alw hibo Dennis yn Aberystwyth ar y ffordd. Ac wedi codi'r hen fiwsical bocs lan yn Synod Inn, a'i bwrw hi lan am Y Rhyl, fe dorrodd yr hen foto beic lawr y tu fas i Aberaeron. Diflastod. Wel nawr, o'dd dim i'w wneud nawr ond hwpo'r moto beic nôl, a'i gwato fe yn Aberaeron, a rhoi'r hen fiwsical bocs ar 'y nghefen i. A ro'dd cot oel amdana i a chap gwyn ar 'y mhen -o'n i'n ddyn rhyfedd iawn.

Wel wedi cerdded tipyn â hwn ar 'y nghefen i, dyma rhyw gar hibo -rhyw foi o'r Borth o'dd yn 'y nabod i yr amser o'n i'n byw yn y Borth- a ches i lifft gyda hwnnw i Benparce. Wel galw yng nghartre Dennis nawr, a châl tipyn o fwyd fan'ny, a dyma ni mas i'r ffordd i'w heglan hi am Y Rhyl, a beth ddaeth hibo -ma' Ffawd yn beth mawr on'd yw e?- ond bys drama Llambed. Ro'dd e'n mynd â'r parti drama lan i Steddfod Rhyl, ac fe welodd rhai o'r bobol yn y bys y cap gwyn, ac fe gethon ni'n cario bob cam i'r Rhyl.

Ond wrth fynd lan i'r Rhyl yn y bys, o'dd 'na adloniant mawr yn mynd mlân. O'dd y miwsical bocs gyda ni yn y bys, a rhyng gweud storîe yn y bys i dalu am y'n taith a rhoi'r miwsical bocs mlân a châl y Ten Airs 'ma o'dd wedi'u cyfansoddi yn Geneva rhyw dair canrif yn ôl -wel o'dd y daith i'r Rhyl braidd yn para rhyw chwarter awr. Ro'dd y bobol yn câl hwyl, a'r cwbwl yn hyfryd. A galw ym Metws y Coed i gâl cino, a Dennis a finne'n cynnig talu am y cino -wel o'n ni'n 'u sarhau nhw wrth gynnig talu, am fod yr hwyl wedi bod mor fawr yn y bys.

Cyrhaeddon ni'r Rhyl am ryw hanner awr wedi pedwar. Rhoddes i'r miwsical bocs eto ar 'y nghefen i, a Dennis yn gwenwyno, yn grac, 'mod i wedi halio rhyw greadur mawr fel'ny gyda fi bob cam lan i'r Rhyl.

"Paid â gwenwyno," wedes i wrtho fe, "-cer i whilo rhai o'r criw i weld os cawn ni le i gysgu heno. Fe â i i drio gwerthu'r miwsical bocs."

Ro'dd hi'n dwym, a'r hen got oel ma amdana i, ac ar ôl chwilio am amser, fe ges i afel o'r diwedd mewn siop ail-law yn Y Rhyl. Ro'dd nodyn ar y siop fan'ny yn dweud am fynd i ryw fan arbennig ble ro'dd y perchen yn byw. Mynd fan'ny a rhyw fenyw yn dod i'r drws ac yn dweud bod yr hen fiwsical bocs yn rhy fawr -do'dd hi ddim ishe'r peth. Cerdded nôl a mlân am orie, a hwn ar 'y nghefen i. Petawn i ar bwys y môr, bydden i wedi towlu'r hen focs i'r môr i gâl 'i wared e. O'dd e'n fwrn ac yn faich arna i. Ac fe ofynnes i i ryw hen foi bach a oedd yn sefyll wrth gornel rhyw sinema a alle fe feddwl am rywun a fydde'n debygol o brynu'r hen fiwsical bocs. "Fanco," medde fe, "-cer fanco." Wel o'n i wedi paso'r lle hyn sawl gwaith ac heb wneud sylw ohono fe. Cnoces i'r drws, dâth dyn i ateb, a mewn â fi.

"Wi'n gobitho nad wyt ti ddim moen llawer amdano fe," medde'r dyn. A phe bydde fe wedi cynnig coron amdano fe, bydde fe wedi'i gâl e. A gofynnodd e i fi faint o'n i'n moen, ac fe wedes i ddeg. "Mae e'n werth deg." Deg PUNT nawr. Mater mawr o'dd hwnna.

"Dim dime mwy na pheder punt a wheigen," wedodd y dyn. Wel dyna lawenydd. Peder punt a wheigen achan. Wthnos hyfryd o'm mlân i. A dyna fu hanes y miwsical bocs. Os na wyt gryf, bydd gyfrwys. Ma' sawl ffordd o ddod mas ohoni.

****

Yn ystod cyfnod Pengelli, ar ôl i'r gwaith yn Aberporth ddod i ben, mi es i weithio i Lanybydder. Ond fe dorrodd y moto beic lawr gen i ar ôl rhyw bythefnos, a mi es i'r gwaith wedyn gyda'r lori Fforestri. Ro'dd y lori'n gadel Pontshân am gwarter i saith ac yn mynd yr holl ffordd i Lanybydder. Ond ar ôl rhyw wythnos, ces i'n rhwystro rhag mynd ar y lori, am nad o'n i ddim gyda'r Fforestri: do'dd dim hawl gyda fi i fod ar y lori. Ond eto, y'ch chi'n gweld, ro'dd yn rhaid mynd i witho, a whare teg i fois Pontshân, colles i ddim diwrnod o waith. Ro'n i'n mynd lan i ben yr hewl erbyn chwarter i saith, a phan o'dd y lori'n aros i'r bechgyn Fforestri, ro'n inne'n neidio'i fewn heb yn wbod i yrrwr y lori. A whare teg i'r bois, wedon nhw ddim gair wrth neb, a minne'n mynd i witho am wthnose fel'ny. Ond eto, ro'n i'n ymwybodol o'r ffaith 'mod i ar y lori heb ganiatad, a ro'n i'n disgwyl i yrrwr y lori i aros unrhyw funud i weld a o'n i 'na. A dyma shwd o'n i'n dod i ben â neidio bant o'r lori. Ro'dd y lori'n aros ar yr Halt Sign yn Llanybydder, a minne'n neidio, ac yn cwato yn y kiosk fan'ny, oherwydd ro'dd hi'n dywyllwch gaea', yn nyfnder gaea'.

A wi'n cofio un bore eithriadol o arw. Ro'dd hi'n arllwys y glaw, a'r afonydd i gyd lan i'w glanne: ro'dd hi'n dywyll ac yn oer ac yn wyntog. Dalies i'r lori fel arfer, ond ro'n i eto'n ymwybodol o'r ffaith 'mod i ar y lori heb ganiatad. Arhosodd y lori, ond o'dd hi mor dywyll, o'n i ddim yn siwr yn ble, ro'dd hi wedi aros. Ond cyn i'r lori aros yn iawn, ro'n i'n barod i neidio dros ochor y lori. A wydden i ddim lle'n y byd o'dd y lori, a dyna ble'r o'dd y lori yn digwydd bod, o'dd ar ben bont Afon Teifi yn Llanybydder.

Wel nawr, cyn bod y lori'n aros, dyma fi'n grwnd dros yr ochor, a lle ddisgynnes i o'dd yn yr Afon Teifi, a'r afon i'w glanne o achos y llifogydd.

"Nawr," wedes i wrth 'y nhunan, "ma'i diwedd hi wedi dod. Ma'r byd ar ben." Ro'n i yng ngwely'r afon yn sownd wrth handl bwced. "Dyma'i diwedd hi," wedes i, ond llwyddes i i ddal 'yn anadl, a dal 'yn anal wnes i. Ces i 'nhunan yn rhydd o'r handl bwced 'ma, a mlân o'n i'n mynd, yn hwylio'n ara ara i lawr yr afon, ac o'n i'n mynd mlân, ac o'n i bron â cholli'n anal, a meddylies i 'i bod hi 'run man i fi roi mewn nawr. "Ond," meddylies i, "ma' rhaid câl anal -ma' rhaid mynd mlân o hyd." Ond yn y diwedd, o'n i'n teimlo fel anghofio'r cwbwl, pan weles i biben fawr, a dyma fi'n achub ar y cyfle, a dyma fi drwyddi, a dyma fi'n câl 'yn anal, ac yn falch 'mod i byw. Wel es i am filltiroedd lawer trwy'r biben 'ma yn cropian ar 'y mhenglinie, ond eto o'n i'n câl 'yn anal, a chi'n gwbod lle des i mas -yn y lafatri yn y Cilgwyn, Castell Newydd Emlyn, a rhyw wmed mawr heb ddim trwyn yn dishgwl lawr arna i. Rhyw bethe felna sy'n gogles dyn withe yntefe.

****

Ro'dd yr Eisteddfod yn Ystradgynlais ym 1954, a'r haf yn un glyb pentigilydd. Yn yr Eisteddfod honno y cwrddes i â'r boi o Gorseinon. Cethon ni hwyl reit dda gyda'n gilydd, ond weles i mohono fe byth oddiar hynny.

Wi'n cofio ni'n cysgu mewn car ar iard yr ysgol un nosweth. Tua pump, chwech o'r gloch y bore, ro'n i'n rhyw hanner cysgu -ro'dd hi'n bwrw glaw mân- a digwyddes edrych mas trwy ffenest y car, a beth weles i fan'ny ond rhyw ddyn tal main â dim amdano fe yn dod mas i iard yr ysgol gyda llond padell o ddŵr. Wedyn, taflodd e'r dŵr lan i'r awyr, ac aros odano fe -rhyw ddyn yn câl rhyw shower bath fel 'tae. Ac o graffu'n agosach, allen i dyngu 'i fod e'n un o bileri'r genedl fel 'tae. Wel, o'dd e'n beth rhyfedd i foi o'r wlad i weld y fath olygfa.

Wel wedyn dyma ladd amser tan amser codi, a'r cyfell yn cysgu tu ôl, a finne tu blân yn anniddig. Câl tipyn bach o frecwast wedyn -potel o Goco Cola a dwy fanana yr un, a boi'r caffe yn rhyfeddu at y fath bryd od. 'I bwrw hi am yr Eisteddfod wedyn, ac wrth bo' ni'n 'i bwrw hi am y Steddfod, fe alwon ni mewn rhyw dafarn fan'ny ac yfed rhyw ddou tri peint o gwrw er mwyn câl mynd i'r Steddfod wedyn i gâl cino.

Ag o'dd pwdel 'na. Wedi cyrradd y maes, mewn â ni i'r hen babell fwyd. Câl cino a phaned o de, a phwy ddâth mlân aton ni fan'ny wrth ein clywed ni'n siarad Cymraeg ond rhyw Ianc â siwt fawr las amdano fe. I fod yn gywir, Cymro ag acen Americanaidd o'dd e -ro'dd e wedi bod o Gymru am rhyw ddeng mlynedd ar hugen. Dyma fe'n dod mlân aton ni a dweud 'i fod e'n falch clywed yr iaith: ro'dd i galon e'n toddi wrth ein clywed ni'n siarad Cymrâg. Wel dyma fi nawr yn dechrau sôn am:

"Cymru fach i mi
Bro y llys a'r llynnoedd,
Corlan y mynyddoedd -
Hawdd ei charu hi."

De -ro'dd y Cymro Americanedd 'ma bron â llefen.

"O wlad fach, cofleidiaf hi -angoraf
Long fy nghariad wrthi;
Boed i foroedd byd ferwi -
Nefoedd o'i mewn fydd i mi."

O! ro'dd y Cymro alltud 'ma wedi teimlo i'r byw dros y pethe, a'r dagre yn cronni yn 'i lyged. A dyma'r Ianc 'ma â'r siwt las 'ma'n troi rownd -a rhyw hat fowr am 'i ben e- a dyma fe'n dweud wrth fy ngyfell a finne, "Would you like a drink boys?" mewn rhyw acen Americanedd. Tynnodd e rhyw botel mas o'i boced, a feddylion ni nawr mai rhyw botel o bop o'dd gydag e. Ond wedi edrych arni, potel gyfan o whisgi o'dd hi heb 'i hagor. A dyma fe'n rhoi'r botel i fi, a dyma fi'n tynnu'r corcyn bant a thowlu'r hen de o'dd yn y cwpan ar y borfa fan'ny, a dyma fi'n rhoi rhyw ddiferyn bach o whisgi yn y cwpan, diferyn i fi a diferyn i 'nghyfell.

"Lawr ag e!" medde'r Cymro Americanedd, ac arllwyses i lond cwpan o whisgi, a dyma ni'n yfed y whisgi. Wel Hyfryd Iawn ar ôl câl y whisgi 'ma - teimlo'n wahanol. A dyma fe'n dweud, "Yfwch lawr bois -er mwyn Cymru!", a dyma fe'n arllwys bobi gwpaned arall o whisgi i ni, a dyma ni'n yfed y whisgi lawr.

Dyma'r Cymro Americanedd 'ma nawr yn troi rownd at rhyw gyfell o'dd gydag e. Ianc iawn o'dd hwn, a rhyw Judge mae'n debyg. A dyma fe'n dweud, "Will you have a drink, judge?" A wyddech chi beth -rhyw hanner modfedd o whisgi o'dd ar ôl yn y botel. Ro'dd fy nghyfell a finne wedi yfed y whisgi i gyd. A dyma'r Cymro alltud nawr yn sôn 'i fod e am ddod nôl i Gymru. "Mae'r wraig acw ishe prynu tŷ yn Sir Fôn," medde fe. "Ond dyna fe, lle bynnag yr â i, does 'mond yr arian yn mynd o'm mhoced i." A ro'dd hwnna'n golygu fod fy nghyfell a finne wedi hŷfed 'i whisgi e.

****

Wel nawr wedi symud o Bontshân i Benrhyncoch, do'n i ddim yn gysurus ynglŷn â'r lle. Ro'dd daear i fod gyda'r lle, ond do'n i ddim yn 'i gâl e. Ond wrth gwrs ro'n i'n byw yn ymyl Bro Gynnin, lle buodd Dafydd ap Gwilym yn byw, a ro'dd hynny'n gwneud i fyny am lawer o bethe: ro'n i'n teimlo tipyn o'r hen Ddafydd druan, a ro'dd hynny'n gysur i ddyn. Ac eto, ro'n i'n awyddus iawn i gâl tyddyn eto, ac un dydd, wedi clywed bod sawl lle ar werth yn yr ardal, dyma fynd i gyffinie Dyffryn Aeron i chwilio am le newydd i fyw.

Ar ôl treulio'r dydd yn edrych ar wahanol dyddynnod, dyma gyrradd yn ôl adre ym Montgoch, a dweud hanes y dydd wrth 'y ngwraig a theulu 'ngwraig, a sôn am un lle arbennig a o'dd wedi 'nharo i fel lle delfrydol. Wel nawr, dychymyg o'dd y stori hyn. Ond ro'dd y wraig a'i brawd yn câl hwyl aruthrol wrth glywed yr hanes, ac yn credu fod pob gair yn wir.

Wel, wedes i, ro'n i wedi gweld un lle arbennig iawn y diwrnod 'ny: un o'r llefydd gore weles i eriôd. Ac es i lan y dreif 'ma -ro'dd e'n le urddasol- ac fe ofynnes i i'r boi bach fan'ny ar y clôs a o'dd y bobol gatre. A fan'na ro'dd yr hen foi 'ma yn sefyll ar ben boncyff, yn rhoi tipyn o Brasso ar ben harnes y gaseg ac yn 'i bolisho fe, a'r gaseg fan'ny yn sownd wrth y goeden.

A fan'ny o'dd yr hen greadur yn polisho'r harnes, cap bach melfed am 'i ben e lawr hyd 'i dalcen e fanna, a throwser bach du hyd 'i benglinie fe fel balŵn bach, a sane duon a chlocs, a'r Brasso hyd yn o'd ar flân 'i glocs e. Ro'dd 'na urddas yn perthyn i'r dyn bach.

Ac fe ofynnes i a o'dd y bobol gatre, ac fe wedodd e wrtha i, "Ewch draw i'r drws cefen fanco." A dyma fi'n mynd draw, a châl cyfle i edrych ar y lle. Ro'dd 'na goed tal mawr yna, pinwydd mawr, ac o'r graig man'ny ro'dd 'na raeadr -pistyll mawr aruthrol- yn dod o'r graig. A nawr cyn y gallwn i fynd i fewn i'r drws ro'dd yn rhaid i fi fynd o dan y rhaeadr 'ma, a dyma fi odani, a chnoco'r drws.

"'Y machgen bach i," medde'r hen greadur, yr hen ŵr, "dowch mewn." Wedes i wrtho fe 'mod i wedi clywed fod y lle ar werth. "Odi, odi, mae e ar werth 'y machgen i," wedodd e, "-dowch mewn." Es i mewn, a châl cwpaned o de gydag e fan'ny.

Wedi câl cwpaned o de a thamed o fara menyn fanna, dyma fe'n dweud wrtha i am fynd o amgylch y tŷ a'r stafelloedd i gâl gweld y lle. Jy, o'dd e'n dŷ mawr -mlân tua pymtheg o stafelloedd. Wedi mynd trwy ystafelloedd y llawr i gyd, dyma ni'n mynd lan i'r llofft. Galw fewn ym mhob stafell, a dyma fi ar fin agor un stafell arbennig pan glywes i sŵn gwynt a sŵn rhuo.

"Wel nawr beth am fynd mewn fanna?" medde fe. "Does neb wedi bod mewn fanna ers lawer dydd." Ac wedi mynd trwy'r stafelloedd i gyd, dyma ni lawr o'r llofft, a dyma'r hen ddyn a'r hen fenyw yn dweud, "Dewch mas i gâl gweld y clôs a'r tai allan, ac i gwrdd â Riwffys."

Draw â ni at Riwffys -yr hen ŵr weles i yn y dechre- a dyma'r hen ŵr yn dweud wrth Riwffys i roi'r harnes am y gaseg. Wedyn fe âth yr hen ŵr a'r hen wraig a Riwffys a finne draw i'r coed rhododendrons, a thu draw i'r coed ro'dd 'na lyn mawr i gâl, a o'dd siwr o fod yn cuddio tri chyfer. O amgylch y llyn, ro'dd 'na ffordd galed -pafin- ac ar y llyn ro'dd 'na gwch, cwch â digon o le i ryw ddwsin efalle. Ath yr hen ŵr a'r hen wraig a finne i'r cwch, ac arhosodd Riwffys fan'ny ar y lan gyda'r gaseg. Ro'dd rhaff hir fowr wedi'i glymu rhwng y cwch a'r gaseg, a dyma Riwffys yn dechre arwain y gaseg ar y pafin, gan dynnu'r cwch yn ysgafn.

Ro'dd elyrch a hwyed a gwydde yn nofio'n dawel ar y dŵr, a phawb yn hapus co, a phawb yn mwynhau bywyd. Ac mi fyddech chi'n teimlo, ro'dd 'na gariad a thangnefedd yn y lle hyn. A ro'n i wedi penderfynu mai dyma'r lle o'n i moen byw ynddo fe.

Wedi treulio rhyw ddwyawr ar y cwch, a mwynhau bywyd ar y cwch a'r llyn, dyma'r hen ŵr yn penderfynu mynd nôl i'r tŷ i gâl tipyn bach o fwyd. A dyma ni nôl i'r tŷ, a dyma fi'n gofyn nawr i'r hen ŵr faint o'dd e moen amdano fe. Ro'n i'n mynd i brynu'r lle hyn costied a gostio. A dyma fe'n dweud, "Naw cant." Wel o'dd naw cant yn 'y mhoced i, a dyma fi'n mynd i brynu'r lle, a rhoi'r arian ar y bwrdd.

"Ond ma''na delere'n bod," medde'r hen ddyn. "Od y'ch chi'n prynu'r lle, y'ch chi fod i brynu Riwffys hefyd, a'r gaseg a'r cwbwl." Ond do'n i ddim yn siwr yntefe nawr ynglŷn â hyn. Ro'dd e'n gyfrifoldeb mawr i gadw Riwffys a'r cwbwl. Rhaid bod Riwffys yn rhan o'r lle yntefe. A phetaen i ddim yn prynu Riwffys, efalle y bydde'n rhaid iddo fe fynd i'r Old Men's Home a thorri'i galon. Wedes i wrth yr hen ddyn yr elen i i gâl barn y wraig gynta.

****

Wedi dod nôl nawr o ardal Riwffys, des i i adnabod y boi doncis, Emlyn y doncis, Borth. Ac fe wedes i'n helynt wrtho fe, 'mod i'n awyddus i gâl tyddyn, ac fe wedodd hwnnw wrtha i 'i fod e'n gwbod am dyddyn yn Nhaliesin. Ac fe ethon ni gyda'n gilydd i weld y perchen, Mrs Bottoms, hen wraig dros 'i phedwar ugen ôd yn y Borth. Cymres i'r tyddyn, ac fe gàs Emlyn y boi doncis hanner coron 'da hi "am ffindio tenant da".

A nawr yn y cyfamser, fe ddâth dou gyfell lan o Bontshân i roi tro amdana i, ac fe ethon ni i gâl bobi botel o gwrw cyn swper fel 'tae. Ond fel digwyddodd hi, arhoson ni yno tan fod y dararn yn cau. A nawr fe âth Dic -un o'r cyfeillion- â'r car i'r clawdd wrth droi'n ôl, ac fe âth y bobol o'dd yn y pentre y nosweth 'ny at y polis i ddweud bod Dic yn feddw. Ath Wil a finne i amddiffyn Dic nawr, ond yr hyn ddigwyddodd o'dd y cethon ni'n tri fynd i'r Loc Yp yn Aberystwyth.

Ac yn y Loc Yp, fe ges i drinieth ofnadw. Ro'n i'n pallu arwyddo'n enw fod Dic yn feddw. A mi dries i ddod mas ohoni y'ch chi'n gweld. Ro'dd hoelen chwe modfedd a chylleth yn 'y mhoced i, ac wrth 'mod i'n trio agor y drws, fe ddâth y polis 'na, a bwrodd hwnnw fi nes bo' fi nôl ar y gwely -noc owt. Dyna'r ail noc owt y nosweth 'ny.

Wedi câl y drinieth arw 'ma yn y Loc Yp, fe ges i 'ngollwng yn rhydd tua hanner awr wedi un y bore, a dechre cerdded yr holl ffordd -wyth milltir- i Daliesin, a chodi llaw ar ambell i gar o'dd yn mynd hibo. Do'dd neb yn gwneud sylw, ond arhosodd y car arbennig hyn, a phwy o'dd ynddo fe ond y polis. Ro'n nhw'n dod i'n whilo i, i fynd â fi nôl i'r Loc Yp. Ro'dd y boi wedi gweld 'mod i wedi gwneud gwerth saith a chwech o ddifrod i Nymbyr Ffôr Sel. Ond wedyn, yn rhyfedd iawn, ces i 'ngollwng yn rhydd eto, ac fe ges i 'ngharío'n ôl i Dalybont gyda'r polis.

Wel wedyn fe ges i fynd mlân i'r cwrt, ac fe ges 'yn ffeino yn drwm iawn. Ro'dd y symons o'dd yn 'yn erbyn i -am fwrw'r Sarjant- yn dod o dan y 1914 Criminal Act. A meddyliwch am rhyw lanc pump a thair yn bwrw rhyw bumcant o Sarjant yntefe.

Adeg y rhent, tua mis Mawrth ar ôl 'ny, pwy weles i ar y bys ar fore dydd Sadwrn ond Mrs Bottoms y landledi, a dyma hi'n edrych nôl. Mae'n debyg 'i bod hi wedi gweld 'yn hanes yn y papur lleol: ro'dd y papur lleol wedi rhoi'n hanes i'n llawn, rhywbeth fel hyn:

"'Run by,' said the Sargeant, 'my life is in danger. Jones is mad. I've already had two blows and I can see the third coming, but cannot bear the third.' And the boys ran like hell in aid of the Sargeant. When Jones arrived at the Police Station, he was laughing idiotically, shouting, hitting the bed, kicking the door, shouting and saying that he would expose them in the local paper, in which he was a very prominent writer."

Wel dyna fe, mae'n debyg fod yr hen wraig wedi darllen 'yn hanes i yn y papur, ac fe edrychodd nôl -ro'n i'n ishte yn y sêt y tu ôl iddi- a dyma hi'n dechre dweud pethe mawr wrtha i.

"O, Mr Jones! I've been worrying over you. I couldn't sleep last night thinking of you. Twenty-five pounds gone down the drain." Gofidio am y rhent o'dd yr hen greadur yn gwneud, nid gofidio amdana i. "And if my agent, Mr Moore, would come to know about this, you'd have to clear out of my place straight away. No mercy!"

Do'dd dim trugaredd ynglŷn â'r peth, a dyna'r rhagymadrodd cynta drosodd gyda'r hen brifyn. Ac o fan'ny mlân, o'dd fel petai rhan o'r deg gorchymyn gyda hi, a ro'dd yr hen fys yn crynu wrth 'i bod hi'n dweud: "Now don't follow the donkeyman about. Don't drink beer. Don't call in the pubs. But whatever you do, don't hit the Sargeant." Do'dd dim mymryn o drugaredd.

****

Ar adeg y trwbwl 'ma gyda'r polis, ro'n i'n gwitho yng Ngholeg Aberystwyth ar ystâd Gogerddan, ac wedi i'r hanes amdana i fod yn y papur lleol, ro'dd bobol nawr yn edrych mlân at 'y ngweld i. Ro'n i'n gwitho ar y ffarm, y ffarmwr a gwraig y ffarm heb 'y ngweld i eriôd, ond ro'n nhw wedi câl darlun ohono i yn y papur lleol. A nawr dyma 'nghyfeillion i'n dweud wrthyn nhw y bydde'r "sâr bach" yn dod dydd Llun, ond pan gyrhaeddes y ffarm bore Llun, ro'n i'n gweld wynebe gwraig y ffarm a'r ffarmwr yn cwmpo ac yn câl shwd siom wrth weld dyn mor fach yn dod i'r drws. Ro'n nhw'n dishgwl rhyw Garnera o ddyn i ddod, un mawr, teilwng i daro pen y Sarjant.

A mi fydde 'ngwraig i yn mynd mas fel dyn dierth yn Nhaliesin. Efalle y bydde hi ar y bys o Aberystwyth i Daliesin, a gweld rhyw ddwy fenyw yn gofyn i'w gilydd. "Y'ch chi'n gwbod pwy yw'r fenyw 'na draw fanna?" "O!" medde'r llall, "dyna wraig y boi fwrodd y Sarjant." Mi golles i 'mharch yn ofnadw yn Nhaliesin yntefe.

****

Peth mawr yw parchusrwydd, a ma' dyn yn sylweddoli hynny pan fydd dyn wedi troseddu, ac wedi creu camwedd. A'r drosedd fawr anfaddeuol yn 'yn hanes i o'dd bwrw'r Sarjant. Ro'dd 'y mhedigri i yn y papur lleol i bawb 'i weld.

Un noson yr adeg honno, mi alwes i mewn tafarn arbennig, cwrddes â chyfeillion yno, ac mi arhoses yno am rhyw ddwy neu dair awr mewn cwmni iach a llawen. Ro'dd gen i fag offer nosweth y llawenydd 'ma, ac es i adre ag e. Ac o'dd rhyw lefel hir gen i hefyd, ond penderfynes i adael yr hen lefel yn y dafarn, a galw amdano fe y nosweth ar ôl 'ny.

Pan alwes i trannoth yn y dafarn amdano fe -do'dd dim un bwriad 'da fi i gâl cwrw- gadewes i'r moto beic a'r bag offer ar draws clawdd y fenyw o'dd yn byw drws nesa i'r dafarn -yr un man yn union ag y gadewes i nhw'r noson gynt. Dyma fi nawr mas o'r dafarn, heb gâl diferyn o gwrw, a phwy o'dd yn dod i 'nghwrdd i ond menyw fawr olygus, y debyca weloch chi erioed i Mari Fawr Drelech. Ro'dd hi'n haerllug iawn wrtho i, ac yn 'yn herio i.

"Wi'n gwbod dy hanes di," medde'r fenyw 'ma 'tho i. Ddealles i ar unweth beth o'dd gyda hi. "Wi'n gwbod pwy wyt ti." Ro'dd e'n amlwg 'i bod hi wedi darllen 'yn hanes i yn y papur lleol. "Wi'n gwbod pwy wyt ti yn gywir. Gollwng di dy foto beic eto ar draws 'y ngardd i, ac fe fydd dy hen foto beic di yn yfflon. Fe mala i e. A dy hen fag offer di, fe dafla i e o 'ma i Clarach."

"O," wedes i wrthi hi, "os wyt ti'n gwbod pwy w' i, snai yn gwbod pwy yn y byd wyt ti. 'Sdim amcan 'da fi pwy wyt ti. Ond o hyn ymlân, fydda i'n gwbod yn iawn pwy wyt ti, a mi fydda i'n gwbod o le wyt ti'n dod."

Rhyw ddigwyddiade felna sy'n hanu o greu rhyw gamddealltwrieth yntefe -gwneud rhyw bethe sy ddim yn gywir. Ond o'dd e'n ddigon hawdd nabod yr hen aser on'd o'dd e?

****

Dyma dipyn o brofiad un hen foi yn y Loc Yp yn 1904 adeg y Diwygiad. Ond o'dd profiad hwnnw'n dipyn gwahanol i'm mhrofiad i yn y Loc Yp. Wel nawr o'dd hwn yn dweud 'i brofiad. O'dd e'n yfed cwrw; o'dd e'n meddwi; o'dd e'n gwario'i arian i gyd ar gwrw. O'dd e hyd yn oed yn mynd i'w wely yn 'i yn ddillad gwaith. Ac un tro adeg Nadolig 1904, ro'dd e wedi prynu barlat -rhyw hen hwyad. Ath e mewn i ryw siop chips, a ro'dd e'n ffaelu câl y chips wrth 'i fodd, ac yn 'i natur, fe daflodd yr hen farlat 'ma mewn i'r ffwrn i ganol y chips, nes o'dd y cwbwl yn wenfflam i gyd, ar hen hwyad yn berwi fan'ny yn 'i blu gyda'r chips. A nawr, ro'dd rhaid câl polis, a mynd â'r hen greadur i'r Loc

Yp, ac yn y Loc Yp, fe welodd e Iesu Grist, medde fe. Ro'dd e'n dweud 'i helynt a'i hanes yng ngweithdŷ'r crydd yn Nhalgarreg, a wi'n 'i gofio fe'n dweud iddo fe neidio rhyw lathen o'r llawr pan welodd e Iesu Grist. A fe gath e'i achub yn y Loc Yp, ac fe wnâth e bennill iddo'i hunan, a dyma'r pennill:

"Bu sawyr y cwrw bron difa fy mryd,
Efe oedd fy meistr a'm gelyn o hyd;
Fe roddwn fy arian a'm hamser yn llwyr
I yfed y cwrw o fore hyd hwyr.
-Hen rebel fel fi. Mae'r Iesu yn achub hen rebel fel fi."

****

Ond ro'dd 'y mhrofiad i yn y Loc Yp yn dipyn gwahanol i brofiad y boi 1904. Wi'n cyfeirio nawr at un profiad arbennig rhyw flwyddyn ar ôl busnes taro'r Sarjant. Ro'dd 'na Drip Ysgol Sul Undeb y Tancwyr wedi'i drefnu ar gyfer un Sadwrn hafaidd, ac fe gawson ddydd bendigedig wrth grwydro tafarnau'r wlad. Cael cyfle i ymddiwyllio yng nghwmni cymeriade cefen gwlad, a dysgu llawer i beth newydd. A pwy y'ch chi'n meddwl welon ni ar ôl cyrradd nôl i Landysul? Neb llai na chriw Boi Felin Bob 'i hunan. Dyna bleser ac anrhydedd.

Wel beth bynnag, ar ôl mwynhau amal i awr ddifyr, gan fod Boi Felin Bob a finne am fynd i'r un cyfeiriad adre, fe gynigiodd lifft i fi yn 'i fan. Ond cyn dechre, âth e i gysgu yng nghefen y fan am sbel. A phan o'dd Boi Felin Bob yn cysgu fanna, a finne'n ishte yn un o'r seti blân, beth ddâth ond rhyw hen bolis eto. A nawr, fe wedodd y Bobi 'ma 'mod i'n feddw.

"Wyt ti'n dreifo'r fan?" gofynnodd e.

"Na, dwy ddim yn dreifo'r fan o gwbwl," wedes i wrtho fe.

"Wel ma' raid i ti," medde fe.

Erbyn hynny, ro'n i wedi agor drws y fan, a'n llaw i ar y drws, ac fe redes lawr o gyfeiriad y fan a'r Bobi ar 'yn ôl i. Ro'dd e'n digwydd bod yn dipyn o baffiwr. A hanner ffordd lawr i'r dafarn arall, yr Half Moon, fe droies i nôl fel llwynog, ar 'yn sodle, ac fe ddalodd fi ar y ffordd nôl, ac fe hwpodd fi yn y fan a gwneud i fi ddreifo'r fan eto. Wel o'n i'n pallu. O'n i'n gwrthod. Ond ces i afel yn 'i gôs e, a chwmpodd yr hen greadur ar 'i gefen, a finne ar 'i ben e. O'dd e'n gryfach na fi nawr, ac fe âth e â fi i'r Loc Yp.

Ac yn y Loc Yp, fe feddylies i: "Os byddi di byth mewn trwbwl, tria ddod mas ohoni." A halodd yr hen bolis i moen y Sarjant Mawr a'r doctor, a nawr ro'n i'n gorfod cerdded ar draws y rŵm yn y Loc Yp yn sefyll ar un goes. A hyfryd iawn -dim un talgwmpad. Cerdded yn grôs ar y goes arall -dim byd yn bod, a'r cwbwl yn iawn.

Ond do'dd y doctor ddim digon hapus ynglŷn â'r peth, ac fe dynnodd nedwydd ac ede mas o'i fag. Ro'dd yr ede fel lasen esgid, a chrai'r nedwydd fel llygad gwybedyn. Wel do'dd dim gobeth 'i rhoi ddi mewn. Ond dyma fi nawr yn gwneud blân i'r ede fowr dew 'ma, ond yn y distawrwydd, ro'dd rhaid gweud rhywbeth, a dâth rhan o'r deg gorchymyn yn Saesneg i 'nghof i:

"Thou shalt not cultivate an offensive breath;
Thou shalt not whisper words of affection to thine adored one until thy

purity of breath is assured;
Thou shalt not speak of lavender while thy breath smelleth of hops."

"Ha Ha Ha!" medde'r Sarjant -câl blas y'ch chi'n gweld. A finne'n dala gwneud blân -dala gwneud blân.

"Thou shalt not breathe in a brewery manner." Finne'n dala gwneud blân, a'r hen Sarjant a'r hen ddoctor yn câl hwyl fawr wrth glywed y gorchmynion.

"Thou shalt not breathe on thy boss beerfully, or verily trouble will be brewing."

A dyma fi'n câl yr ede mewn i'r nedwydd ar y cynnig cynta.

"Dismiss the case," medde'r hen ddoctor, "Jones is right." A finne'n câl 'y mhen yn rhydd, a Boi Felin Bob, fel digwyddodd hi, yn câl 'i ffeino o wheigen am fod yn feddw mewn lle cyhoeddus.

****

Mi ges i un profiad digon rhyfedd pan es i lan i Fanceinion i fynd ar y teledu gyda Granada. Rhyw hen racsen o fan o'dd gen i -hen fan fawr- a'r enjin wedi mynd i'w ben. A ro'dd hi'n defnyddio oel yn ofnadw, ac fe feddylies i nawr y bydde'n rhaid i fi fynd â digon o oel gen, ac fe brynes i bum galwn o'r stwff cyn cychwyn. Ond wedi cyrradd Y Rhyl, weles i 'i bod hi'n defnyddio gormod o oel i fynd i Fanceinion, a gorfod i fi fynd lan y car o fan'ny.

Ond i ddod at y profiad mawr. Ro'dd y profiad o fod ar y teledu am y tro cynta yn beth ofnadw. Ro'dd hi mor dwym yn y stiwdio. 'Y niben i wrth fod yn y stiwdio o'dd torri ar draws y rhaglen. Pan o'dd rhywbeth mlân, o'n i fod i redeg mewn, a gwneud mwstwr. Fel y dwedodd y Sais 'tho i, "Ponty," medde fe -ro'dd y gair Pontshân yn rhy fawr iddo fe- "when I tap your shoulder, just jump on the box and start shouting." Do'dd dim ots beth o'n i'n 'i wneud, mor belled ag o'n i'n gweiddi.

A fe âth y pethe'n hyfryd iawn, yntefe. Hen focs cwrw o'dd e, ag o'dd bai ar Sais na 'se fe wedi glanhau tipyn ar y bocs. Ro'dd e'n lwch glo i gyd, a fan'ny o'n i yn streips, a'n wmed i'n chwys, a marce glo a llwch a baw drosto fe i gyd. A'r braint ges i fanna o'dd câl cino yn yr un man â Margaret Lockwood a Shirley Bassey, a châl 'y nghyflwyno i'r rheini gan y Sais 'ma fel 'Mr Ponty'. Wedi'r rhaglen, fe ofynnodd y Sais i fi a fydden i'n hoffi aros yno i rihyrso ar gyfer rhaglenni Saesneg, ond do'n i ddim yn teimlo'n gysurus iawn i wneud hynny. Ro'n i'n teimlo y basen i mas o'm myd gyda Shirley Bassey a Margaret Lockwood, a nôl ddois i yntefe.

A wedyn erbyn i fi ddod nôl â'r fan o'r Rhyl, ro'n i wedi defnyddio pob diferyn o'r pum galwn o oel erbyn i fi gyrradd Machynlleth. A fe es i nôl o Fachynlleth heb ddiferyn o oel, a do'dd y fan ddim tamed gwâth.

****

Wi'n cofio cyrradd Eisteddfod Rhosllannerchrugog ar fore dydd Llun, ac wedi cyrradd y maes parcio, gadael yr hen fan fan'ny, a mynd ar 'yn hynt. A'r nosweth 'ny, anghofion ni'r cyfan am y fan. Ethon ni i ryw barti, a threulio trwy'r nos yn y parti 'ma, a phawb yn llawen. A chyrradd nôl i'r fan tua hanner awr wedi chwech bore trannoth, a mynd i gysgu ynddi. Ro'dd gyda ni wely plu yn y fan, ac fe newidiodd Dennis i'w byjamas.

Ro'dd hi'n fore hyfryd trannoth -bore teg, braf, twym- a Dennis a finne'n cysgu'n hyfryd iawn yn y fan. A nawr tua hanner awr wedi naw, ro'dd y tyrfaoedd yn dechre dod mewn i'r cae, a'r cerbyde'n dod o bob cyfeiriad, ond erbyn hynny, ro'dd 'yn fan ni wedi'i barcio'n llethwhith iawn. O'dd rhaid 'i symud hi. A dyma'r boi o'dd â'r bag -y boi o'dd yng ngofal y maes parcio- yn curo ar draws ochor y fan ac yn gwneud y twrw mwya ofnadw, ac fe ddihunes i. O'dd rhaid symud y fan ar un waith. Ond pallodd yr hen beth ddechre, a ro'dd rhaid mynd mas gyda'r handl i'w dechre hi, ac fe lwyddon ni yn y diwedd. A nawr mas â ni i'r ffordd fawr, a'r polisus yn ein commando ni mas, ond fe dagodd yr hen beth yn y fynedfa wrth fynd mas. Ro'dd Dennis yn 'i byjamas, a ro'dd yn rhaid iddo fe fynd mas yng nghanol y crowd i wthio'r hen fan, a bant â ni. Go brin bod y polisus yn gwbod ein bod ni'n teimlo'n lletwhith ac yn ddiflas, a'n llyged ni heb agor yn iawn.

A lawr â ni i gyfeiriad Recsam, a throi lawr i rhyw hen ddreif fan'ny i ymyl yr afon, a châl cyfle bendigedig i olchi'n trâd hyn 'yn penglinie yn y dŵr. Ro'dd yr afon â thipyn o faint ynddi, a fanna wedyn o'n ni'n eillio ac yn golchi'n whynebe yn y dŵr.

Ond rhaid pwysleisio inni gâl croeso arbennig yn Eisteddfod Rhos, diolch i Charlie, brawd Stella, a drefnodd inni gysgu mewn gwahanol gartrefi bob nos. Cethon ni groeso tywysogaidd ym mhob un ohonyn nhw, a dim ond am ryw ddwy neu dair awr y cysgon ni yn y gwely plu trwy gydol yr wythnos.

****

Mae gen i gof cynnes iawn am Eisteddfod Llandudno a hynny am un rheswm - fe ddaeth y Frenhines fan'ny. Ro'n i yn y bwlch fan'ny yn 'i gwylio hi'n dod mewn, a ro'n i'n codi'n llaw arni felna, a hithe'n codi'i llaw nôl, ac fe gyffyrddodd hi â 'nghalon i. Ond erbyn sylwi, ro'dd hi'n codi llaw ar bawb: ro'dd hi'n mynd felna o hyd ac o hyd.

Ond wedyn, rwy'n siwr 'i bod hi wedi sylwi arna i. Mae hi wedi mynnu dod i'r Eisteddfod nawr ac yn y man byth oddiar y noson ramantus honno yn Aberpennar. Mae'n moen dod o hyd, er 'i bod hi'n briod. Mae'n dala i ddod nawr ac yn y man. A buodd dim byd rhamantus iawn i fi yn Llandudno wedyn, ar ôl ffoli gymaint ar weld hon unwaith eto.

Hynny yw, do'n i ddim yn hoffi neidio lan ar rynning bôrd y car, y'ch chi'n gweld. Wa'th ma'r ddawn gen i o neidio ar fympyrs a rynning bôrds ceir -wi'n brofiadol yn y gwaith. O achos, wedi'r cwbwl, ro'dd hi wedi priodi -ro'dd y gŵr gyda hi. Gallase ddiflastod ddod mewn; galle ysgariad ddigwydd. Do'dd dim gwerth ail-gynne'r tân. Ro'dd y peth, wedi'r cwbwl, yn rhan o'r gorffennol.

****

Yn Eisteddfod Llanelli, ro'n i'n cysgu yn yr ysgol. Ro'dd pawb nawr wedi mynd i'r gwely, a'r lle yn dawel i gyd, a phob un yn dechre cysgu. Am chwarter i dri, ro'n i o hyd heb gysgu -heb gysgu o gwbwl- a dyma fi'n rhoi pwt i Dennis, a o'dd yn y gwely nesa ata i, a gofyn iddo fe a o'dd e'n clywed canu. Ro'wn i'n clywed canu -ro'dd e'n dod lawr o dwll awyr yn nenfwd yr ysgol. A dyma fi nawr yn penderfynu dihuno'r boi yn y gwely ar yr ochor arall i weld ai breuddwydio o'n i. A dyma'r bechgyn yn gwrando, ond yn clywed dim byd. Ond allen i dyngu 'mod i'n clywed "Mi ganaf tra bwyf byw". A hyn oedd wedi digwydd. Mae'n rhaid bod y canu mor dda y noson honno, nes 'i fod e wedi mynd i 'mhen i. Ro'n i'n clywed y Côr Mawr yn dod lawr trwy'r twll 'ma yn y nenfwd. Ro'dd e'n rhoi gwefr i ddyn.

****

Ces i ryw brofiad digon tebyg yn Eisteddfod Abertawe pan o'n i'n aros yn Y Ffau. Ro'dd hi'n bedwar o'r gloch y bore, a'r cyfan drosodd, a'r cwbwl wedi tawelu. Nawr ro'dd 'na bedwar neu bump llawr i'r Ffau, a ro'dd hwnna'n golygu fod 'na beder neu bump stâr yn dilyn 'u gilydd. A chlywed rhyw ganu bach tua pedwar o'r gloch. Potel wag gwrw'n dod lawr y stâr ucha, fffffrrrrrr pomp pomp pomp pomp pomp pomp pomp. Aros am ennyd wedyn -fffffrrrrrrr- ac wedyn dyma gwmpo lawr yr ail stâr, pomp pomp pomp pomp pomp pomp pomp.

Ac yna unwaith eto, fffffrrrrrrrr pomp pomp pomp pomp pomp pomp pomp; ac eto fffffrrrrrrrr pomp pomp pomp pomp pomp pomp pomp pomp -sef un pomp ychwanegol. Dew, dyna i chi gerddoriaeth ddymunol; dyna i chi fiwsig neis. Ond erbyn iddi gyrradd y llawr isa, ro'dd hi'n disgyn ar lawr caled, a dyma anferth o GRRRRASHSHSHHHHHH, a'r botel yn yfflon. Rhywbeth bach, yntefe, sy'n lleddfu enaid dyn ar y daith.

****

Wi'n amal yn meddwl nag y'n ni ddim yn gweld gwerth yr adnodde sy gyda ni fel cenedl -yr adnodde sy mor agos i ni, ond yr adnodde nad y'n ni ddim yn manteisio arnyn nhw nac yn gwneud y gore ohonyn nhw.

Dyna i chi foi wi'n 'i nabod e nawr -Boi Felin Bob y'n ni'n 'i alw fe. Cafodd 'i eni a'i fagu yn Sir Fynwy, ac fe ddâth wedyn i fyw i Fanc Sion Cwilt aton ni. Ond er i ninne gâl ein geni a'n magu ar Fanc Sion Cwilt, dy'n ni ddim yn gallu gweld gwerth yr adnodde cyfoethog sy o'n hamgylch ni. Ro'dd yn rhaid inni aros am ddyfodiad boi fel Boi Felin Bob cyn dechre sylweddoli gwerth y pethe.

Fe gynlluniodd y Boi Felin Bob, i ddechre, beiriant mawr fel Hoover -y peiriant sy'n glanhau llorie yn y tŷ- yn arbennig ar gyfer casglu llysiau duon bach -a ninne ar Fanc Sion Cwilt yn gadel iddon nhw fynd yn ofer, i'r ysguthanod câl 'u bwyta nhw. A wyddech chi beth, ro'dd hwn yn hala cymaint â phum tunnell yr wthnos yn ystod misoedd yr haf bant i Chivers Jam yn Lerpwl. Wedyn, fe brynodd e lori fawr -Thorneycroft 1939- am ugen punt yn Llandysul i fynd â'r llysiau duon bach 'ma lan i Lerpwl, ond ro'dd e'n câl trafferth ac ychydig bach o golled ar y dechre ynglŷn â'i sache. Hynny yw, ro'n nhw'n jammo yn y sache cyn cyrredd pen y daith. Ond llwyddodd e i ddatrys y broblem yma pan ddâth y bagie polythene a'r bagie maniwyr: ro'dd rheini'n cadw'r llysie'n ddiogel.

Ond yn ddiweddar iawn mae e wedi agor ein llyged ni unwaith eto. Mae e wedi penderfynu agor ffatri jam fawr ar Fanc Sion Cwilt.

****

Dyma un arall o gampau athrylithgar y Boi Felin Bob. Nawr ry'm ni'r ffermwyr yn gyffredinol yn taflu llawer iawn o bethe gwerthfawr ymaith, er enghraifft, caps llâth. Ma' 'na filoedd ohonyn nhw yn câl 'u taflu i ffwrdd bob dydd ledled y wlad. Pan ystyriwch chi'r gwaith cymleth o'u gwneud nhw -gan ffatrïoedd mawr siwr o fod- a'r metal sydd ynddon nhw, mae'r gwastraff yn hollol ddwl.

Wel nawr, ar yr adeg yma, ro'dd 'na farchnad mawr am raffe. Ro'dd rhaffe da yn ddrud ac yn anodd eu cael, a ro'dd y ffermwyr yn cwyno. Wel -fe gafodd y Boi Felin Bob syniad aruthrol -breinwêf. Dim ond dyn o athrylith busnes Boi Felin Bob a fydde'n gallu meddwl am rywbeth fel hyn. Fe ffindodd e ffordd newydd a gwahanol o witho rhaffe a syfrdanodd holl boblogeth Banc Sion Cwilt.

Dyma beth wnâth e. Fe dalodd dri chan punt am gwrci; âth e i gasglu'r caps llâth 'ma o'dd wedi câl 'u taflu; llanwodd fol yr hen gwrci lan ar y caps llâth -gwneud i'r cwrci 'u byta nhw; a'r canlyniad o'dd fod y cwrci'n rhwymo lan, a rhaffe cryfion mawr wedyn yn dod mas ohono fe. Y cwrci'n byta'r caps llâth, a rhaffe ardderchog yn dod mas. Ro'dd y bobol yn rhyfeddu, a'r ffermwyr yn diolch fod y fath athrylith wedi dod i fyw i'r ardal.

****

Fe gafodd Boi Felin Bob un tro gontract gan rhyw bopty yng Nghei Newydd i wneud bara yn ystod misoedd yr haf. Ond ro'dd yr hen oil stôf fawr o'dd gydag e ddim yn addas at y gwaith. Ro'dd e mas o ffasiwn, a ro'dd e'n câl llawer o drafferth gyda'r hen stôf. A nawr o'dd e wedi câl hanes Rayburn, y stôf fawr fodern 'na: galle fe 'i châl hi am ddim ond iddo fe fynd i'w nôl hi, a dyma'i fam ac ynte nawr yn mynd i nôl y Rayburn 'ma. Ethon ni â thipyn o raffe gyda nhw -cynnyrch y cwrci tri chan punt siwr o fod- i glymu'r stôf ar gefen Boi Felin Bob, oherwydd ro'dd 'na bwyse mawr yn yr hen Rayburn.

Wedi câl y Rayburn mas o'r tŷ, dyma'i chlymu ar gefen yr hen Felin Bob, a'i chario hi adre'n ôl i Felin Bob. Ond wedi cyrradd, mi ffindon nhw fod y Rayburn yn rhy fawr i fynd mewn trwy ddrws y tŷ. A nawr o'dd rhaid mynd mlân â'r gwaith, a'r unig ffordd o wneud hynny o'dd torri twll yn nhalcen y tŷ. Dyma gario'r hen Rayburn nôl i'r ardd, a thorri twll yn nhalcen y tŷ, a'i hwpo hi mewn i'r lle tân. Ond yn anffodus, fe gwmpodd yr hen dalcen tŷ lawr i gyd. Ond ro'dd yn rhaid cario mlân â'r gwaith oherwydd ro'dd 'na fara -tôs- yn y palwr yn aros i gâl 'i grasu, a ro'dd perygl iddo fe chwyddo. Wel fe roddon nhw'r Rayburn nôl yn 'i lle, a chodi'r talcen tŷ yn ôl ar un waith.

Wel ro'dd talcen tŷ newydd gyda nhw nawr, a'r cwbwl yn braf, a Felin Bob 'i hunan ar 'i newydd wedd, fel 'tae. A nawr dyma gynneu tân yn y Rayburn, ond wir i chi, do'dd yr hen beth ddim yn gwitho: do'dd dim modd o gwbwl câl fflam ynddi. Trychineb fawr, a phawb yn methu deall. Ond do'dd dim i'w wneud nawr ond torri twll arall yn nhalcen y tŷ i gâl yr hen Rayburn mas unwaith eto. Ond wir i chi, ar ôl gwneud y twll yn nhalcen y tŷ, a châl y Rayburn mas, fe gwmpodd y talcen tŷ yr ail dro.

Wel do'dd dim amser i godi'r hen dalcen tŷ nôl nawr: ro'dd rhaid mynd â'r Rayburn lawr trwy'r caëe, trwy'r weunydd, i'r pentre agosaf, sef Mydroilyn. Cyrraedd Mydroilyn, a lawr at y gof ro'n nhw'n gobeithio y bydde fe'n ryparo'r Rayburn, ond rhywsut neu'i gilydd, do'dd gof Mydroilyn ddim yno. Wel do'dd dim byd i'w wneud nawr ond cerdded nôl at y gof agosa. Ro'dd y Rayburn yn pwyso pum can pwys ar gefen Felin Bob -dyn cryf- a'i fam yn 'i ddilyn e a stened o ddŵr gyda hi. Cyrradd yr ail gof, a hwnnw i ffwrdd yn rhywle neu'i gilydd, a cherdded nôl eto at y gof arall, at Rys y Gof, ond ro'dd hwnnw mas yn ryparo beinder.

Wel nawr, ro'dd e'n ddiflas yn 'i hanes e. Ro'dd e'n dechre blino. Ond ro'dd un gobaith yn aros; ro'dd un gof, ro'dd e'n gwbod y bydde fe gatre, sef Go Mowr Cwmscidwyn. Wel nawr. cyrradd stryd fawr Cwmscidwyn, ar hen raffe, er cystal y gwneuthuriad, wedi 'mestyn, a'r hen Rayburn yn llusgo i'r llawr, a'r Felin Bob yn anwedd ac yn wlyb i gyd. Ro'dd e wedi yfed chwe stened o ddŵr, a ro'dd e'n berwi i gyd. Os o'dd Boi Felin Bob yn gryf yn 'i feddwl -a rhaid 'i fod e, o gâl yr holl syniade newydd a gwahanol 'ma- ro'dd e hefyd yn gryf yn 'i gorff. Ond ro'dd hyd yn oed Felin Bob yn gwanhau nawr, ar ôl cario'r fath bwyse am y fath bellter.

Beth bynnag, dyma gyrradd yr efel, a'r Go Mowr yn dod mas, â'i lasus ar 'i dalcen. "Y creadur twp ag yr wyt ti," medde'r Go Mowr, "-dyw'r Rayburn 'ma ddim gwerth dime." A dyma fe'n cydio yn y Rayburn, a'i thaflu hi dros yr efel i'r gors y tu ôl i'r efel, a welodd neb byth mo'r Rayburn ar ôl hynny. A mae'n debyg mai'r unig beth o'dd o'i le ar y Rayburn o'dd clawr y lle tân, a phetai e wedi gofalu, dim ond y clawr y bydde rhaid i Felin Bob 'i gario. A dyna'r daith galed yn ofer.

Wel do'dd dim dewis nawr ond mynd nôl i ail-godi'r talcen tŷ a gwneud y gore o'r hen stôf, a c fe gyrrhaeddon nhw dim ond mewn pryd cyn i'r tôs chwyddo gymaint â bwrw'r talcen arall i lawr.

****

Y profiad mwya ofnadw gafodd Felin Bob o'dd gadael ysgol a mynd i weithio ar ffarm. Ro'dd y profiad o adael ysgol, a gadael cartre, a chysgu oddi cartre am y tro cynt yn beth mawr yn 'i hanes e, heb sôn am gâl dannedd gwynion. A nawr yr unig un o'dd yn tynnu dannedd ar y pryd o'dd y Go Mowr, a fe âth Felin Bob at y Go Mowr a gofyn cwestiwn digon lletwhith iddo fe. Dyna lle'r o'dd y Go Mowr gyda'i freichie mowr, einion fowr, megin fowr, morthwylion mowr, pinshwn mowr, a Felin Bob yn gofyn cwestiwn twp iawn i'r dyn mowr 'ma: "A allwch chi 'i dynnu e, Gof?"

"'I dynnu e?" mynte'r gof gan edrych mewn syndod. "'I dynnu e? Fe dynnwn i e 'se fe wedi'i rifeto yn dy benôl di!"

****

Mi fydde Boi Felin Bob a'i gyfeillion yn amal yn mynd lan i Aberaeron ar nos Sadwrn ar gefen beic. Ac yn Aberaeron, bob nos yn y cyfnod yna, bydde'r lle'n llawn ac yn drewi o hen Saeson, a bydde Boi Felin Bob a'i gyfeillion yn dod i drwbwl bob amser gyda nhw, a châl llawer i grosfa. Wn i ddim a o'dd Felin Bob yn aelod o Blaid Cymru, ond ro'dd e'n cashau Saeson yn fwy na dim ar y ddaear. Ac fel arfer, creadur digon tawel o'dd Boi Felin Bob. Ond ar ôl câl tipyn bach o gwrw, ro'dd e'n ddyn gwahanol. Ro'dd e'n câl rhyw nerth cawr o fraich corrach fel 'tae yn 'i gwrw.

Y nos Sadwrn arbennig yma, ro'dd Felin Bob yn câl ambell i bwl o wneud rhyw ddrygioni, a'r drygioni mwya wnâth e o'dd yfed pedwar peint lawr wrth gwt 'i gilydd -un ar ôl y llall. Wel nawr fe gododd y cwrw 'ma i ben Felin Bob, a dyma fe'n dechre sarhau rhyw Sais fan'ny. A beth wnâth e wedyn o'dd cydio mewn jwged mowr o lâth -gan feddwl mai jwged o gwrw o'dd e- ac arllwys y llâth 'ma am ben y Sais, a dyma ffrwgwd yn dechre. A dyma'r Sais 'ma'n mynd i ymladd gyda Felin Bob, a chyfeillion Felin Bob wedyn yn ymuno yn yr ymladd, a phawb yn câl uffern o grosfa.

Ro'dd hi'n noson ole leuad braf ym mis Medi, ac wedi câl 'u taflu mas o'r dafarn, fe âth Boi Felin Bob a'i gyfeillion am dro, a gweld rhyw berllan a'i lond o fale hyfryd. Dyma nhw'n neidio dros y wal, ac i fewn i'r berllan. A dyna lle'r o'dd Boi Felin Bob yn hollol feddw yn crwydro'n sigledig rhwng y coed, a'r fale yn cwmpo lawr ar bob llaw wrth 'i fod e'n taro un goeden ar ôl y llall. A dyna lle'r o'dd y lleuad yn gwenu lawr arno fe yn 'i ffolineb. Dyna i chi olygfa, yntefe. Ond dyma Felin Bob nawr yn dringo i ben rhyw goeden fale, ac yn mynd yn sownd yn y canghenne, ac yn methu dod yn rhydd, ac yn gwaeddi, a'r bechgyn o dan y goeden yn chwerthin am 'i ben e, ac yn taflu ambell i afal i fyny ato fe. Wedyn dyma'r bechgyn yn siglo'r goeden, a Felin Bob yn cwmpo lawr yn frige ac yn gleisie i gyd, a'i drowser wedi rhwygo'n hanner. Ath Felin Bob wedyn i gysgu o dan y goeden yng nghanol pentwr o fale a brige, a phan ddihunodd ymhen rhyw awr, ro'dd 'i gyfeillion wedi diflannu, a gorfod iddo fe ffindio'i ffordd 'i hunan adre, a'r lleuad erbyn hyn o'r golwg, a'r cwbwl yn dywyll.

Wedi cyrradd adre, a mynd i'r gwely, fe roddodd Felin Bob lien gwlyb diferu dros 'i wyneb e er mwyn rhwystro'r hogle cwrw rhag boddi'r tŷ. Dyma, wrth gwrs, un arall o freinwêfs arloesol Felin Bob, a fu'n fendith i lawer o dancwyr dienw Banc Sion Cwilt wedi hynny. Beth bynnag, pan ddihunodd e fore trannoth, ro'dd niwmonia arno fe, ac fe ddwedodd y doctor wrtho fe i aros yn y gwely am fis man lleia. A phan âth cyfeillion Felin Bob lan i ymweld ag e, ro'dd mam Felin Bob yn dweud, "Je, mae e'n wael, y creadur delicet ag yw e." A'r criw wrth gwrs yn gwbod mai unig wendid Felin Bob o'dd yfed gormod o gwrw. A phan ethon nhw mewn i'r stafell, gweld Felin Bob druan yn tynnu'i hunan lan gyda rhyw lein fawr o'dd gydag e am drâd y gwely.

****

Pe bydde dyn yn gallu mynegi'i deimlade, a dweud yn glir yr hyn sydd ar 'i feddwl e, mi fydde 'na dipyn gwell dealltwrieth rhyngddon ni â'n gilydd yn gyffredinol. Er enghraifft, ro'dd Felin Bob yn arfer câl anhawstere gyda'i lythyron caru, a chyn 'u hanfon nhw, bydde fe'n dod â nhw ata i er mwyn câl 'y marn i ar y cynnwys. Ro'dd e'n gallu sgwennu'n ddigon da: 'i broblem e o'dd mynegi'i deimlade. Mi fydde fe'n amal am ddyddie yn trio dyfeisio rhyw frawddeg pertach na'i gilydd a fydde'n mynegi'i deimlade fe, yntefe; ond gan amla bydde fe'n methu'n lân â mynegi yr hyn o'dd ar 'i galon e. Ond un tro, pan o'dd e'n myfyrio uwchben rhyw lythyr, fe ddâth rhyw bennill bach Saesneg i'w go fe:

"O Mary Jane my darling
I love you in my heart;
I told you that on Sunday night
When coming in the cart.
Suppose the horse had understood
What you and I did say,
I have no doubt my darling
He would have run away."

Ond eto ro'dd e'n dal i sgrifennu, ac yn methu'n lân â mynegi'i deimlade. Hynny yw, ro'dd e'n chwilio am ddiweddglo teilwng i'r llythyr 'ma, ac yn y diwedd, mi gath e freinwêf, a dyma hi. Wi'n meddwl 'i fod e'n gampwaith, a'i fod yn haeddu lle teilwng yn hanes llythyron caru'r genedl:

"I love you more in an hour than a cow dungs in a month." Dyna i chi gariad yntefe.

****

Ond er gwaetha ymdrechion Felin Bob gyda'i lythyron caru, fe droeodd yn ddyn mên iawn ar ôl iddo fe briodi. Fe âth yn ddyn bydol iawn, ac yn dipyn o sgamp. Ma' 'na hen ddywediad i gâl, "Pan ges i job fe ges i Jên; pan ges i Jên fe gês i job." Ond yn achos Felin Bob, Leisa'i wraig o'dd yr un o'dd yn diodde, a mi fydde hi'n amal yn câl pwl o ddiflastod, ac yn câl 'i stwmog nôl - yn retsho fel 'tae. Ac o'dd Felin Bob yn gweld colled yn y busnes, ac yn rhoi cic iddi yn 'i phenôl am sarnu stwff da. Dyna beth cas i'w wneud yntefe -fydde neb call yn gwneud y fath beth â hynny. Ond dyna fe, ma' dynion â meddwl busnes o safon Boi Felin Bob yn gallu gwneud pethe rhyfedd iawn ar adege. Do's dim iws inni feirniadu lle y'n ni ddim yn deall.

****

Mae'n beth rhyfedd iawn sut mae pethau yn aros ar gof dyn. Rwy'n cofio nawr am ryw foi o'r enw Awen Berfolander Jones yn pregethu mewn cymanfa ddirwest lawr yng nghyffinie Llangrannog. O Borthmadog o'dd e'n dod, a mi fydde gydag e rhyw bwynt fel hyn.

"Yn yr haf," medde fe, "mi fydd y boneddigion yn dod acw i Borthmadog, ac ar ddiwedd yr haf, bydd y boneddigion yn mynd yn ôl i'w cartrefi. Ond mi fyddan nhw wedi gadael llawer iawn o fudreddi ar eu hola nhw. Beth fydd yn digwydd i'r budreddi 'ma meddech chi. Beth fydd yn cymeryd lle i'r rhain? A fydd y Town Corporation yn cael gafael ar y budreddi 'ma? OOO na! Bydd pobol dda Porthmadog yn rhy ddoeth i hyn. Beth fydd yn cymeryd lle ynteu, meddech chi. Ow, bydd pobol dda Porthmadog yn disgwyl i'r Spring Teid i ddod i fewn. Bydd yr hen fôr mawr yn dod i fewn ac yn golchi ymaith y budreddi o'r traetha 'cw. A garw o beth, gyfeillion, na ddylifai rhyw fôr mawr dros eich bywyda chi a finne i olchi ymaith y budreddi sydd wedi llygru'n bywyda ni."

A chware teg i Awen Berfolander Jones, fe, os rwy'n cofio, o'dd awdur yr englyn hyfryd hwnnw er lles y bobol sy'n methu dweud yr 'ch'. Rwy' wedi câl llawer iawn o hwyl i'w adrodd e, a dyma fe: i:

"Chwychwi a'ch ach o'ch achau -O chewch chi
O'ch uwch ach ychau,
Ewch, ewch, iachewch eich ochau;
Iach wychach, ewch i'ch iachau."

Ond fe wnâth Awen Berfolander Jones nid yn unig gyfansoddi englyn mor fawr: fe âth e i'r drafferth o'i gyfieithu e i'r Saesneg -hynny yw, ffor ddy sêc of owr Inglish ffrens:

"Kwykwi a'k ak o'k akau -O kewk ki
O'k uwk ak ykau,
Ewk, ewk, iakewk eik okau;
Iak wykak, ewk i'k iakau."

A rhyw bethe bach felna sydd wedi aros ar gof dyn ar y daith, a sydd wedi rhoi llawer iawn iawn o hwyl i ddyn wrth 'u hail-adrodd.

****

Wi'n cofio clywed stori arbennig sy wedi 'ngoglais i'n ofnadw, a sy wedi goglais llawer arall. Twm a Jac yn codi shed wair -shed wair dau ole, sef shed â thri postyn bob ochor iddo fe- a nawr tua hanner dydd, tua amser cino 'ma, dyma ddarganfod fod y postyn canol rhyw droedfedd yn rhy isel. Wel do'n nhw ddim ishe ail-wneud y peth, ac ail-godi'r sement a pethe. Ro'dd 'na anghydfod ofnadw rhwng Twm a Jac trwy'r prynhawn, a mlân tua amser te fe gafodd Twm syniad bendigedig. A dyma ddywedodd Twm:

"O Arglwydd dyro awel
A honno'n awel gref
I godi'r postyn canol
Rhyw droedfedd tua'r nef."

A hwnna'n ysgafnhau pethe, a'r ddau gyfaill yn dod mlân yn braf gyda'i gilydd.

****

Ma' 'na ambell i ddyn yn gallu cerdded mewn i dafarn tua amser cau, wedi yfed hyd 'i styden, a chydio mewn peint a dweud yn glir ac yn groyw, "Yn wyneb haul a llygad goleuni, dwy'n mynd i yfed hwn, petawn i'n gorffod 'i gâl e nôl." Dyna i chi ddyn hyd eitha'i allu yntefe?

Pawb â'i fys lle bo'i ddolur bois. Hynny yw, hei leiff. Beth yw cost lle mae cariad? Y peth mwyaf mewn bywyd yw adnabod, deall, a charu'n gilydd.

Fe wedodd Duw, y'ch chi'n gweld, wrth Adda, "Rwyt ti nawr yn câl rhywbeth gen i." 'Na dderyn o'dd Duw yntefe? "Rwyt ti nawr yn câl anadl gen i. Rwyt ti'n bywyd gen i. Rwyt ti'n câl byw. Rwyt ti'n câl gwaith gen i." A ro'dd Adda'n gwrando. "Fe gei di cwteri i'w cwtero, cloddie i'w cloddio, ac mi gei di witho nes dy fod ti'n wargam. A phan fyddi di'n hen a methedig, mi gei di farw." A dyna'r dâl bois.

A dyma Siaci Penbryn yn mynd mlân fel hyn:

"Rhaid i rai fyw ar y brynie,
'Chewn i gyd mo'r dyffryn hardd:
Dyma gychwyn ein gwendide,
Pechod Adda yn yr ardd."

A rhyw bethe bach felna sy'n dod â ni at ein gilydd.

Pan fydda i'n dweud y pethe 'ma i gyd mewn cwmni difyr, ac yn arbennig pan fydda i mewn tafarn yn 'u dweud nhw, mi fydd bobol yn amal iawn yn cawlio ac yn camsynied ynghylch beth fydd ar 'y meddwl i. Ambell i waith, pan fydd dyn yn câl gafel a hwyl iawn arni, bydd dyn yn defnyddio'r pethe digri er mwyn dweud y pethe sydd ar 'i feddwl e mewn gwirionedd. Ma' 'na bethe iawn ar feddwl dyn y pryd hynny, a beth sy'n eich diflasu chi ar adege yw gweld bobol yn chwerthin pan fyddwch chi'n mynegu'ch teimlade yn hollol ddidwyll. Ma'n nhw'n meddwl mai rhyw ysgafnder yw'r cyfan, a ma'n nhw'n camddeall. Mae digrifwch a difrifwch yn gymysg â'i gilydd, a ma' 'na adege pan fyddwch chi'n hollol ddi-ffuant.

Er enghraifft, mi fydda i weithie yn dweud rhai pethe am fywyd yn gyffredinol. Dweud, efalle, fod bywyd yn dragwyddol, ac fel yr iorwg yn fythwyrdd. Sôn hyd yn oed am y Beibl: "Teyrnas nefoedd o'th fewn di y mae"; "Digonolrwydd llawenydd a digrifwch yn dragywydd". Ma' 'na bethe iawn fanna, a ma' dyn yn teimlo fel dweud pethe o'r fath pan fydd y gwmnïeth a'r naws yn addas.

Ma' rhai hefyd yn camddeall ynglŷn â'r dafarn. Hynny yw, nid galw mewn tafarn i feddwi y'ch chi'n 'i wneud: rhyw le i droi fewn iddo fe ar y daith yw e -lle i gael egwyl pan fyddwch chi wedi "blino ar unigrwydd y daith". Nid trio gwadu'r pethe gwael ydw i, ond trio dweud fod 'na bethe eraill, sy'n llawer iawn pwysicach. Efalle fod y pennill yma'n mynegi'r peth -fe'u gweles i nhw yn Yr Ymofynnydd, cylchgrawn yr Undodied:

"Rhowch imi dŷ ar fin y ffordd
Lle treigla'm hil yn llu,
Dynion da a dynion drwg,
Mor dda, mor ddrwg, â mi.
Ni fynnwn eistedd ar orsedd gwawd
A hyrddio amheuon blin -
Rhowch imi dŷ ar fin y ffordd,
Cael bod yn ffrind i ddyn."

Neu fel y dywedodd ewythr i fi, Ap Dulas, mewn englyn i'r garreg filltir:

"Hardd y saif ger ffordd y sir -dyst distaw
Garreg eirwir;
O dan glawdd dynoda'n glir
I'm holltaith pa sawl milltir."

A ma' rhyw air bach o eglurhad felna yn gallu bod yn burion peth yntefe.

****

A sôn am ddigonolrwydd llawenydd a digrifwch ac yn y blân, a mynd i'r nefoedd a hyn a'r llall, ma' rhyw bwtyn bach o rigwm yn dod i 'ngho i sy'n portreadu'r pethe hyn yn weddol, allen i feddwl. Ma' 'na ryw syniad i gâl am fynd i'r nefoedd mai dyn ag wmed hir, dyn clîn shêf a dwy iaith, smoco ffags pen morwr, gwisgo cot â phegs, a chlobyn o lyfyr canu dan 'i gesel -mai dyn parchus felna sy'n fwya addas i fynd i'r nefoedd. Dyna'r safon inni anelu ato fe. Ond medde'r hen rigwm bach 'ma, os rwy'n 'i chofio hi'n iawn:

"Mari Morus aeth i'r nef yn llon,
A'r angylion oll ddywedent,
'Neno'r mawredd, ble daeth hon?'"

Wel mae'n debyg mai dyna'r cynta i fynd i'r nef yn llon -dyna'n syniad ni yn gyffredinol am fywyd uffern a nefoedd yntefe. Chware teg i'r hen Fari Morus yntefe?

Mae'n siwr fod hyn yn gystal man â dim i ddweud fod gen i dueddiade tuag at yr Undodied. Wi wedi bod yn derbyn Yr Ymofynnydd yn gyson trwy'r blynydde -yn fwy rheolaidd nag unrhyw gylchgrawn arall Cymraeg- a mae gen i dipyn o olwg arno fe. Mae e'n wahanol i'r papure enwadol eraill, a wi'n gweld mwy o reswm mewn Undodieth na dim: mae e'n fwy rhesymol. A phetawn i'n newid enwad -Annibynnwr ydw i nawr- wi'n bendant mai at yr Undodied y bydden i'n mynd.

Pan o'n i'n grwt, 'Hen Sosin' o'n nhw'n galw unrhywun o'dd yn Undodwr. Wel gallase hwnna fod wedi creu atgasedd ynddo i tuag at Undodieth, ond efalle fod y ffaith iddon nhw fod mor gas 'i hunan benderfynu mai Sosin y leiciwn i fod.

****

Mae gen i garafan yn y cae gyferbyn â'r tŷ wi'n byw ynddo fe heddi yn Nhalgarreg, ac yn y carafan 'ma, ma' 'na foi diddorol iawn yn byw. Yn Hydref 1942, fe dderbyniodd e, fel fi, delegram i fynd i Lerpwl i fynd i'r môr yn 'sea-going gear', ond tra es i i weithio dan ddaear, âth e ar y llong. Fel ddwedes i, cafodd y llong 'i chwythu lan ym Môr y Canoldir. Ar ôl hynny, âth e i grwydro'r byd am flynydde a blynydde: âth e i Affrica ac i Awstralia ac i Asia, a byw o dan yr amgylchiade rhyfedda. Ma'r hanes yn llawer rhy hir a chymleth i fi 'i adrodd e yma, ond ma'r cwbwl yn hollol wir: ma'r pethe yr âth e trwyddon nhw tu fas i brofiade chi a fi. Wel beth bynnag, ar ôl bod yn crwydro'r holl gyfandiroedd, fe lwyddodd e i ddod nôl i ardal 'i gartre, ond wedi cyrradd, dyma ddarganfod fod y cartre wedi'i chwalu, 'i fam wedi marw, a phawb wedi mynd. Do'dd dim blâs aros, ac fe ail-ddechreuodd ar 'i daith, a chrwydro lan a lawr Cymru. Ath e draw i Ffrainc a châl hanner 'i ladd a threulio rhai misoedd yn yr ysbyty. Dod nôl o Ffrainc i Gymru, a chrwydro rhagor o Gymru. Mynd oddy wedyn i Iwerddon fel crwydryn, a châl profiade mawr fan'ny.

Ond rhai misoedd yn ôl, fe weles i e yn y pentre lle cafodd e'i fagu. Wel hyn o'dd yn rhyfedd yntefe. Ro'dd e'n un o'r criw o'dd ynglŷn â'r Magic Lantern ers lawer dydd -ro'dd e'n moelyd y tŷ-bach yng ngwaelod yr ardd gyda ni. A fe deimles i drosto fe, ac fe wedodd 'i helynt a'i hanes wrtho i. Ro'dd e wedi câl llond bol, medde fe, ar unigrwydd y daith. Cysgu mas, a'r gwlith yn obennydd iddo fe. Ond ro'dd un cysur mowr gydag e: ro'dd e'n amal yn dweud wrtho'i hunan, ta beth ddigwydde, nad ethe hi ddim gwâth arno fe na ma' hi nawr.

A dyna sut ces i afael arno fe, 'i wallt e lawr 'i gefen e, a dod â fe nôl gatre, a rhoi llety a bwyd iddo fe a rhoi dillad amdano fe. Ac mi roddes i garafan iddo fe, a chyfle iddo fe weithio i fi, a'i ddod â fe trwy gyfrwng y pethe hyn yn nes at gymdeithas. Un o golofnau drylliedig y byd, chwedl Malachi Jones. Nid y mawrion, nid y beilchion -fel o'dd Malachi'n mynd mlân- ond y rhai sydd wedi blino ar unigrwydd y daith. Os ydych yn llwythog a blinderog, mi a esmwythâf arnoch, chwedl Malachi.

****

Ma' dyn yn câl y prawf mwya ar 'i genedlaetholdeb pan mae e am werthu'i dŷ. Dyna pryd ma' dyn yn dod i wbod 'i seis. Wel nawr, ro'n i ishe gwerthu'r lle dwy'n byw ynddo fe nawr. Ro'n i'n meddwl gwneud tipyn bach o arian -hyn nawr tua blwyddyn yn ôl. Ond do'dd 'na'r un Cymro ishe prynu'r lle o gwbwl; ro'dd 'na ddwsenni o Saeson ar 'i ôl e. A ddoeth 'na un Sais arbennig o Essex o'dd yn fodlon talu'r pris o'n i'n 'i ofyn -deuddeg cant. Ro'dd e'n barod i'w brynu e, ac yn awyddus i setlo'r busnes.

Daeth hi'n adeg i dderbyn yr arian a chyfnewid y gweithredoedd. Ro'dd yn rhaid penderfynu ar unwaith. Wel o'n i'n teimlo 'mod i'n mynd i werthu nid yn unig y tyddyn a'r ddaear, ond hefyd 'yn egwyddorion. 'Tasen i'n gwerthu'r lle i Sais, gallen i byth wedyn siarad dros 'y nghenedlaetholdeb. Ond yn yr argyfwng hynny, es i draw i weld Trefor Morgan, ac fe brynodd Trefor Morgan y cwbwl am nawcant. Ro'dd yn well 'da fi werthu'r lle iddo fe am nawcant nac i Sais am ddeuddeg cant. Ac fe wylltiodd y Sais, a bygwth cyfraith:

I did not expect you to back out
after all these weeks & you will cause me
a lot of inconvenience, & expence which I
shall expect you to make good.
I am passing your letter to my
solicitors who are handling the purchase on my

Ond hyn sy'n rhyfedd, mae Trefor Morgan yn genedlaetholwr arall, a'i gariad yn fawr at Gymru. 'Chaiff y lle ma byth mo'i werthu i un Sais mwy. Ac wedi'r cwbwl, fe benderfynodd Trefor Morgan a'i wraig roi'r tŷ nôl i fi am ddim. Fi sy berchen y tŷ eto, a'r ddaear yn eiddo i Trefor.

****

Wel os ydy pob llyfyr fod i ddechre mewn ffordd arbennig, ma' pob llyfyr hefyd fod i gâl diweddglo. A fel wedes i, fe sgwennodd hen wraig mamgu '-Ruth Mynachlog- 'i hatgofion. Ro'dd hi'n bedwar ugen a thair yn sgwennu'r llyfyr, a do'dd hi eriôd wedi câl cyfle i fynd i ysgol ar wahan i ryw dri mis yn y gaea' un tro. A mi wnâth hi hyd yn oed ddysgu 'i gŵr -hen foi tadcu- i ddarllen ac i sgwennu. Wel dyma ddiweddglo 'i llyfyr hi:

"Ffarwel i ti, ddarllenydd mwyn. Gobeithiaf y cei dithau fel minnau yn dy hen ddyddiau a'th lesgedd fwynhad wrth edrych yn ôl ar ddyddiau cynnar dy fywyd, fel y gelli ddiolch na threuliaist hwynt yn hollol ofer."

A wi'n credu y galla inne roi diweddglo tebyg, a gobeithio na threuliais inne hwynt yn hollol ofer. Fel y dywedodd y bardd, yntefe, wrth gyfarch yr aradr:

"Atat ti ym mhob tywydd -fy aradr
Gyfeiriaf yn ddedwydd;
Ar ei phen caf lawenydd
Gollwng gwedd a diwedd dydd."

Haeh! Hyfryd iawn!

****

A rhyw air bach o eglurhad nawr ynglŷn â'r llyfyr 'ma. Wel y pwynt yw hyn yntefe, chwedl Idwal Jones rhywle neu'i gilydd, ma' hwn yn ffordd newydd, odidog o greu llyfyr. Oherwydd ma' unrhyw lenor neu bregethwr o'r iawn ryw yn dweud yntefe: "A minnau yn myned i'm stydu..." Neu o'i gyfieithu eto i'n hiaith fach 'yn hunen, "Bendithied Duw y sawl a eisteddo ar ben tin tacen, oddieithr efe a gyfod drachefn. Ond dyma ffordd newydd o wneud llyfyr yntefe. Dwy ddim ishe dweud wrth y byd 'mod i'n Lenor. Beth sy'n bwysig gen i yw bod dyn yn cyfrannu mewn rhyw ffordd neu'i gilydd at y busnes. Nid gwneud 'y nhunan yn bwysig sy ishe arna i, ond cyfrannu at rywbeth sy'n werthfawr. Oherwydd fel y dywedodd rhywun, "Fues i trwy Oxford, ond ar gefen beic. Ces i'r radd o B.A. -Bustach Anwybodus." A wedyn rhyw fustach anwybodus sy wedi rhoi pethe at 'i gilydd trwy gyfrwng y peiriant 'ma, a holl waith Robat a bois Y Lolfa. Hyfryd iawn!

AMBELL I AIR

moelyd: troi rhywbeth wyneb i waered
penfarch: mawn
pwdel: mwd, baw
tynnu plet: cymryd 'short cut'
whilian: siarad
whilibawan: busnesa
gwichal: sgrechen
shime lwfer: simne hen ffasiwn, mantell simne
talgwmpad: codwm ysgafn
cymryd hyrfa: rhyw ymosod ar rywbeth

TRICT BANK L

COOL REFRESHING
DRINK
Milk
NOW